Radikale Demokratietheorien zur Einführung

Oliver Flügel-Martinsen

# Radikale Demokratietheorien zur Einführung

JUNIUS

Junius Verlag GmbH
Stresemannstraße 375
22761 Hamburg
www.junius-verlag.de


Umschlaggestaltung: Florian Zietz
Titelzeichnung: Franziska Martinsen
Satz: Junius Verlag GmbH
Printed in the EU 2020
ISBN 978-3-96060-314-6

**Bibliografische Information der Deutschen Nationalbibliothek**
Die Deutsche Nationalbibliothek verzeichnet diese Publikation in der Deutschen Nationalbibliografie; detaillierte bibliografische Daten sind im Internet über http://dnb.dnb.de abrufbar.

# Zur Einführung ...

... hat diese Taschenbuchreihe seit ihrer Gründung 1977 gedient. Zunächst als sozialistische Initiative gestartet, die philosophisches Wissen allgemein zugänglich machen und so den Marsch durch die Institutionen theoretisch ausrüsten sollte, wurden die Bände in den achtziger Jahren zu einem verlässlichen Leitfaden durch das Labyrinth der neuen Unübersichtlichkeit. Mit der Kombination von Wissensvermittlung und kritischer Analyse haben die Junius-Bände stilbildend gewirkt.

Seit den neunziger Jahren reformierten sich Teile der Geisteswissenschaften als Kulturwissenschaften und brachten neue Fächer und Schwerpunkte wie Medienwissenschaften, Wissenschaftsgeschichte oder Bildwissenschaften hervor. Auch im Verhältnis zu den Naturwissenschaften sahen sich die traditionellen Kernfächer der Geisteswissenschaften neuen Herausforderungen ausgesetzt. Diesen Veränderungen trug eine Neuausrichtung der Junius-Reihe Rechnung, die seit 2003 von der verstorbenen Cornelia Vismann und zwei der Unterzeichnenden (M.H. und D.T.) verantwortet wurde.

Ein Jahrzehnt später erweisen sich die Kulturwissenschaften eher als notwendige Erweiterung denn als Neubegründung der Geisteswissenschaften. In den Fokus sind neue, nicht zuletzt politik- und sozialwissenschaftliche Fragen gerückt, die sich produktiv mit den geistes- und kulturwissenschaftlichen Problemstellungen vermengt haben. So scheint eine erneute Inventur der Reihe sinnvoll, deren Aufgabe unverändert darin besteht, kompetent und anschaulich zu vermitteln, was kritisches Denken und Forschen jenseits naturwissenschaftlicher Zugänge heute zu leisten vermag.

*Zur Einführung* ist für Leute geschrieben, denen daran gelegen ist, sich über bekannte und manchmal weniger bekannte Autor(inn)en und Themen zu orientieren. Sie wollen klassische Fragen in neuem Licht und neue Forschungsfelder in gültiger Form dargestellt sehen.

*Zur Einführung* ist von Leuten geschrieben, die nicht nur einen souveränen Überblick geben, sondern ihren eigenen Standpunkt markieren. Vermittlung heißt nicht Verwässerung, Repräsentativität nicht Vollständigkeit. Die Autorinnen und Autoren der Reihe haben eine eigene Perspektive auf ihren Gegenstand, und ihre Handschrift ist in den einzelnen Bänden deutlich erkennbar.

*Zur Einführung* ist in der Hinsicht traditionell, dass es den Stärken des gedruckten Buchs – die Darstellung baut auf Übersichtlichkeit, Sorgfalt und reflexive Distanz, das Medium auf Handhabbarkeit und Haltbarkeit – auch in Zeiten liquider Netzpublikationen vertraut.

*Zur Einführung* bleibt seinem ursprünglichen Konzept treu, indem es die Zirkulation von Ideen, Erkenntnissen und Wissen befördert.

Michael Hagner
Ina Kerner
Dieter Thomä

# Inhalt

# Einleitung

Radikaldemokratische Theorien mögen angesichts der gegenwärtigen Situation, in der demokratische Regierungssysteme einer radikalen Kritik durch rechtspopulistische Bewegungen und Parteien ausgesetzt werden, die in erschreckend vielen Ländern bereits in Regierungsverantwortung gekommen sind, auf den ersten Blick seltsam, ja regelrecht aus der Zeit gefallen erscheinen. Wäre statt Radikalität nicht eher Mäßigung angezeigt, um dem teils schleichenden, teils rapiden Abgleiten von Demokratien in Regierungssysteme mit populistisch-autoritären Zügen etwas entgegenzusetzen?

Theorien radikaler Demokratie sind entgegen diesem Eingangsverdacht einerseits gerade für die kritische Analyse dieser Entwicklungen ausgesprochen instruktiv und andererseits besitzen sie ein Potenzial, das den real existierenden demokratischen Regierungssystemen abhandenzukommen scheint: Sie stellen eine emanzipatorische demokratische Praxis in Aussicht. Folgt man radikalen Theorien der Demokratie, dann zeugt die derzeitige Krise liberaler Demokratien repräsentativen Typs nicht von einem Ende der Demokratie, sondern vielmehr davon, dass liberale Demokratien nie demokratisch genug gewesen sind. Das betrifft sowohl die Intensität als auch den Umfang von Demokratie. Hinsichtlich ihrer demokratischen Intensität erscheinen liberal-repräsentative Demokratien allenfalls als ein blasses Abbild demokratischer Selbstregierungspraxis – und in den Augen von immer mehr Bürger*innen noch nicht einmal das –, weil ihre

Entscheidungsformen oligarchischen und technokratischen Einflussnahmen übermäßig viel Raum bieten, während sie ihre Bürger*innenschaften maximal bürokratisch distanzieren. Und mit Blick auf den Umfang demokratischen Entscheidens nehmen sie wesentliche gesellschaftliche Bereiche – allen voran die heute allmächtig erscheinende Sphäre der Marktökonomie – von demokratischer Einflussnahme geschweige denn demokratischer Selbstbestimmung von vornherein aus und schränken so die Reichweite von Demokratie drastisch ein. Sollten die real existierenden Demokratien also tatsächlich sterben (vgl. Levitsky/Ziblatt 2018), was mancherorts heute leider keineswegs mehr ausgeschlossen zu sein scheint, dann läge das womöglich gar nicht an einem Zuviel, sondern an einem Zuwenig an Demokratie.

Aus der Perspektive radikaler Demokratietheorien hängen die beiden Phänomene der rechtspopulistischen und autoritären Bedrohung von Demokratien einerseits und des (scheinbaren) Verlusts der Attraktivität von Demokratie in liberaldemokratischen Regierungssystemen andererseits konstitutiv miteinander zusammen. Autor*innen, die dem breitgefächerten und keineswegs einheitlichen Diskurs radikaler Demokratie zugerechnet werden können, haben schon lange vor der gegenwärtigen Herausforderung durch rechtspopulistische und vielerorts auch rechtsradikale Bewegungen mit Nachdruck darauf hingewiesen, dass das Fehlen einer radikaldemokratischen Praxis in den westlichen Demokratien zu deren Krise und zu einem damit verbundenen Erstarken rechtsgerichteter Bewegungen führen werde. Vor dem Hintergrund neoliberaler Reformprogramme der 1990er Jahre haben so unterschiedliche Autor*innen wie Chantal Mouffe oder Jacques Rancière darauf aufmerksam gemacht, dass neoliberale Konsenspolitiken demokratische Selbstbestimmungsmöglichkeit beiseiteschieben, indem sie einen Konsens verordnen, der keine alternativen Entscheidungsmöglichkeiten, ja keinen ernsthaften politischen und demokratischen Streit um unterschiedliche Wege mehr zulässt (vgl. Mouffe 2007: 87–91; Rancière 2002: 127/128).

Die Auseinandersetzung mit radikaldemokratischen Ansätzen ist deshalb keineswegs aus der Zeit gefallen, sie ist vielmehr geboten. Das ist, wie schon deutlich wurde, der Fall, weil sie erstens Perspektiven der Wiedereröffnung demokratischer Praxis dort bieten, wo diese, wie es Rancière fasst, zwischen den Mühlsteinen der rechtlichen Regel und der wirtschaftlichen Notwendigkeit fortlaufend zermahlen wird (vgl. Rancière 2002: 120), und weil sie zweitens den rechtspopulistischen und rechtsradikalen Bewegungen etwas zu erwidern vermögen, die in jüngerer Zeit sehr erfolgreich die demokratische Semantik kapern, um sie für ihre antidemokratischen und antipluralistischen Zwecke zu instrumentalisieren. Die AfD scheut dabei noch nicht einmal davor zurück, Willy Brandts Slogan »Mehr Demokratie wagen« für sich zu reklamieren – so geschehen auf AfD-Wahlplakaten im brandenburgischen Landtagswahlkampf 2019.

Es lohnt sich also, wie in dieser Einführung dargelegt werden soll, sich mit Theorien radikaler Demokratie zu beschäftigen, um den rechtspopulistischen Angriffen auf bestehende Institutionengefüge ebenso wie den perfiden Inanspruchnahmen demokratischer Semantiken etwas entgegensetzen *und* gleichzeitig liberale Demokratien dort kritisieren zu können, wo es demokratietheoretisch erforderlich scheint – allerdings nicht, um das gefährliche Phantasma nationalistisch-demokratischer Selbstbestimmung wieder aufleben zu lassen, sondern um Wege zu emanzipatorischen demokratischen Praktiken zu erkunden. Wie aber lässt sich in dieses komplexe Feld der radikalen Demokratietheorien einführen? Es ist schon angedeutet worden, dass es sich nicht um eine zusammenhängende Denkschule handelt, der sich Autor*innen bewusst zurechnen. Vielmehr verhält es sich so, dass viele Autor*innen, deren Arbeiten dem Diskurs radikaler Demokratietheorie zugeordnet werden können, diesen Begriff überhaupt nicht zur Selbstbeschreibung heranziehen. Zudem bestehen zwischen verschiedenen Positionen teils erhebliche Differenzen, die zu unterschiedlichen Auffassungen, ja zu Konflikten darüber führen können, wie demokratische Praxis letztlich zu verstehen ist. Eine Einführung kann nicht zum Ziel haben, die gesamte Komplexität dieses Feldes abzubilden. Theoriegeschichtliche Hintergründe auszuleuchten, Positionen in ihrer Breite darzustellen und das begriffliche Instrumentarium feingegliedert und umfassend vor Augen zu führen muss einem Handbuch vorbehalten bleiben.[1] Eine Einführung in radikale Demokratietheorien hat eine andere Funktion, die wiederum von einem Handbuch nicht übernommen werden kann: Sie kann zusammenhängend in Gemeinsamkeiten, in Konflikte unter den Positionen und in Abgrenzungen zu anderen Ansätzen einführen und so ein lebendiges Panorama des Diskurses radikaler Demokratietheorien entwerfen.

Darum wird es in der vorliegenden Einführung gehen. Sie ist daher nicht nach Autor*innen oder Begriffen, sondern nach Themenfeldern gegliedert. Die einzelnen Kapitel stecken zusammengenommen bestimmte Dimensionen ab, die es ermöglichen, einen Überblick über die zentralen Themenfelder, aber auch über deren kontroverse Deutungen innerhalb verschiedener Ansätze radikaler Demokratietheorie zu geben. Ebenfalls wird es darum gehen, sie von anderen Demokratie- und Politikverständnissen abzugrenzen und gleichzeitig deutlich zu machen, auf welche Weise und worin radikale Demokratietheorien Kritik an diesen formulieren. Angesichts der eingangs erwähnten Herausforderungen durch rechtsgerichtete Bewegungen, die die demokratische Selbstbestimmungssemantik für sich beanspruchen, wird ein besonderes Augenmerk auch darauf liegen herauszuarbeiten, warum es sich bei diesen rechtsautoritären Reklamationen von Demokratie nicht einfach um andere Demokratieverständnisse, sondern um bloße Instrumentalisierungen des demokratischen Vokabulars zu dezidiert nicht-demokratischen Zwecken handelt.

Um in ein Themenfeld einzuführen, ist es sinnvoll, die Vorgehensweise kurz zu skizzieren. Es seien daher hier noch einige Bemerkungen zum Aufbau des Buches gemacht, die es zudem ermöglichen, die Konturen des Diskurses radikaler Demokratie bereits etwas auszuleuchten: In *Kapitel 1* wird es darum gehen zu zeigen, dass Demokratie nicht einfach ein beliebiges Regierungssystem neben anderen ist, sondern dass es vielmehr sinnvoll erscheint, im Anschluss an Claude Lefort von einem demokratischen Zeitalter zu sprechen. Dieses ist durch einen umfassenden Verlust an Gewissheit gekennzeichnet, und erst diese Abwesenheit von Gewissheiten – etwa über die normative Struktur sozialer und politischer Ordnungen – lässt Demokratie als Modus der gemeinsamen Einrichtung einer Welt historisch auf den Plan treten. Um diese Zusammenhänge analysieren zu können, bedürfen radikaldemokratische Ansätze gesellschaftstheoretischer Erkenntnismittel, die es erlauben, die politische Instituierung von Gesellschaft zu untersuchen.

Das darauffolgende *Kapitel 2* rückt eine Beobachtung näher in den Blick, die in der Rede vom demokratischen Zeitalter und der politischen Instituierung von Gesellschaft bereits angeklungen ist: Theorien radikaler Demokratie teilen die Einschätzung, dass gesellschaftliche und politische Strukturen in dem Sinne grundlos sind, dass sie sich nicht auf wie immer feste oder letzte Gründe wie die Natur des Menschen, eine göttliche Ordnung oder Ähnliches zurückführen lassen. Dies führt in radikaldemokratischen Ansätzen zu einer umfassenden und radikalen Kontingenzdiagnose. Demokratie erscheint dann als Modus, mit der Kontingenz der Welt umzugehen. Radikal ist Demokratie dadurch schon insofern, als sie sich nicht auf fest Vorgegebenes stützen kann.

Radikaldemokratische Theorien plädieren, wie sich schon angedeutet hat, für ein Demokratieverständnis, das über die enge institutionalistische Vorstellung von Demokratie als Regierungssystem hinausgeht. Sie widersprechen damit offensichtlich der Reduktion von Demokratie auf eine Institutionenordnung, indem sie deren zugleich instituierenden, aber auch subversiven Charakter herausstellen. Haben radikale Demokratietheorien damit aber gar nichts zur Gestaltung von Institutionen selbst beizutragen oder laufen sie vielleicht sogar auf eine Ablehnung von Institutionen hinaus? Wie wird dabei das Verhältnis von Institutionellem und über Institutionelles Hinausreichendem überhaupt verstanden? Hier ist die für viele radikaldemokratische Ansätze in dieser oder einer vergleichbaren Begrifflichkeit getroffene Unterscheidung zwischen Politik und Politischem wichtig, deren unterschiedliche Verständnisse in *Kapitel 3* diskutiert werden: Während mit dem Begriff der Politik der institutionalisierte politische Betrieb – also etwa auch Demokratie als Regierungssystem – adressiert wird, richtet der Begriff des Politischen den Blick auf jene Dimensionen, die Institutionen erst in die Welt bringen, sie aber auch infrage stellen und infolgedessen sogar transformieren können. Das kann in demokratischen Kämpfen um veränderte Institutionen langsam oder auch auf revolutionärem Wege geschehen. Wichtig ist: Radikaldemokratische Ansätze richten ihr Augenmerk auf beides, auf die institutionalisierte Politik ebenso wie auf das sie übersteigende Politische.

Wenn die Welt politisch, sozial und normativ nicht unverrückbar fest eingerichtet ist und es keine für alle gleichermaßen verbindlichen Gründe für eine bestimmte Weltgestaltung geben kann, dann liegt es auf der Hand, dass sich Auseinandersetzungen über die Einrichtung der Welt entspinnen können und dass es nur mit Mitteln der Gewalt möglich erscheint, diese zu unterdrücken. *Kapitel 4* rückt daher die Rolle von Dissens und Konflikt in den Blick. In diesem Zusammenhang ist nicht nur deren zentrale Stellung für radikaldemokratische Ansätze und die gleichsam interne Auseinandersetzung über sie wesentlich. Zur Sprache kommen müssen hier auch kritische Einwände aus der Sicht der radikalen Demokratietheorie nach zwei Seiten: Gegenüber liberalen Demokratieverständnissen wird dabei nämlich aus radikaldemokratischer Perspektive der Vorwurf einer Verdrängung von Dissens und Konflikt geltend gemacht und gegenüber rechtsgerichteten Bewegungen eine Verherrlichung ausgrenzender, vielfach gewaltförmiger Konflikt- und Dissensverständnisse, denen es nicht darum geht, eine gemeinsame demokratische Praxis des Streits ins Leben zu rufen, sondern als Andere gekennzeichnete Gruppen von der politischen Praxis auszuschließen, sie gar physisch anzugreifen oder im schlimmsten Fall zu vernichten bzw. der Vernichtung auszusetzen. Zudem kommt hier ein weiteres Mal das Verhältnis zwischen radikaler Demokratie und Institutionen zur Sprache. Dabei wird sich zeigen, dass es zwar einige Ansätze gibt, die über Institutionen hinausweisen, dass sich aber aus radikaldemokratischer Sicht durchaus auch starke Argumente für das Festhalten an Institutionalisierungsperspektiven geben lassen – wenngleich es, wie ich argumentieren werde, nicht die Aufgabe radikaler Demokratietheorie ist, institutionelle Arrangements zu begründen.

Wenn von demokratischer Praxis die Rede ist, stellt sich unvermeidlich die Frage ein, um wessen Praxis es sich eigentlich handelt. Aus radikaldemokratischer Sicht ist diese Frage, wie in *Kapitel 5* erörtert wird, selbst Gegenstand des demokratischen Streits. Es lässt sich demnach nicht definitorisch klären, wer oder was das demokratische Volk ist. Demokratische Praxis besteht zu einem nicht geringen Teil aus genau diesem Streit, wer zum Volk gehört. Radikaldemokratische Ansätze distanzieren sich deswegen nachdrücklich von substanziellen oder essenzialistischen Verständnissen des *demos*, wie sie vor allem für einen nationalistischen Volksbegriff kennzeichnend sind. Der Kampf um die erweiternde Veränderung des demokratischen Volkes ist aus radikaldemokratischer Sicht wesentlicher Bestandteil einer emanzipatorischen demokratischen Praxis.

Populistische Herausforderungen werden zwar auch in den anderen Kapiteln des Bandes immer wieder berührt, *Kapitel 6* macht sie aber auf verschiedene Weisen explizit zum Thema. Zum einen wird es darum gehen zu zeigen, dass die Versuchung, substanzielle Begriffe einer geschlossenen politischen Gemeinschaft zu etablieren, aus dem Verlust der Gewissheit selbst folgt, den Claude Lefort als zentrales Kennzeichen des demokratischen Zeitalters eingeführt hat. Lefort fokussiert als Denker des 20. Jahrhunderts dabei vor allem auf totalitäre Versuche der Herstellung geschlossener politischer Gemeinschaften, aber auch gegenwärtige nationalistische Verständnisse des Volkes können vor diesem begrifflichen Hintergrund situiert werden. Zu diskutieren ist in diesem Zusammenhang aber auch eine andere, von einigen radikaldemokratischen Positionen selbst vorgenommene Annäherung an den Populismus: Hier ist zum einen an Ernesto Laclaus analytische Verwendung des Begriffs des Populismus zu denken (vgl. Laclau 2005), der zufolge keine politische Bewegung ohne Populismus, nach Laclaus Verständnis also ohne Versuche, ein Volk zu konstituieren, auszukommen vermag. Zum anderen ist in diesem Zusammenhang das etwa von Chantal Mouffe emphatisch vorgetragene Plädoyer zu diskutieren, rechten Populismen ein dezidiert linkes, radikaldemokratisches populistisches Projekt entgegenzuhalten (vgl. Mouffe 2018).

Das abschließende *Kapitel 7* wirft schließlich die Frage auf, ob radikaldemokratische Ansätze bestimmte politische Vorzeichen haben. Diese Frage lässt sich in zwei Teilaspekte aufgliedern. Erstens steht so zur Diskussion, ob radikaldemokratische Positionen eine politische Ausrichtung haben. Hier zeigt sich deutlich, dass es sich um linke, auf inklusive emanzipatorische Kämpfe ausgerichtete Unternehmungen handelt. Der zweite Teilaspekt ergibt sich aus der Frage, ob damit mitgesagt ist, dass rechtsgerichtete politische Orientierungen nicht als radikaldemokratisch verstanden werden können. Die Beantwortung des ersten Teilaspekts deutet auch hier bereits die Richtung an: Wenn sich radikale Demokratietheorien durch eine inklusive emanzipatorische Praxis kennzeichnen, dann liegt es auf der Hand, dass rechtsgerichtete Bewegungen die Semantik der Demokratie etwa durch Rekurse auf eine beanspruchte Volkssouveränität radikaldemokratisch betrachtet bloß instrumentell verwenden: Ihre Verwendungsweise leugnet nämlich den konstitutiven Streit um das demokratische Volk, weil sie dieses aus festen, substanziellen Größen gleichsam ableiten wollen. Sie sind deshalb nicht im Mindesten an einem pluralistischen und deutungsoffenen Verständnis des *demos* interessiert, das für radikale Demokratietheorien aber geradezu konstitutiv ist.

# 1. Ein demokratisches Zeitalter? Demokratie als Gesellschaftsform und radikale Demokratietheorie als kritische Gesellschaftstheorie

Es ist schon in der Einleitung betont worden, dass von radikaler Demokratietheorie nicht im Singular gesprochen werden kann und dass es auch nicht so etwas wie eine festumrissene Schule radikaler Demokratietheorien gibt, zu der sich die unterschiedlichen Ansätze zugehörig erklären. Obwohl der Diskurs radikaler Demokratietheorien pluralistisch verfasst ist, lassen sich einige gemeinsame Merkmale, Thesen oder Themenfelder festhalten, die in den nachfolgenden Kapiteln schrittweise entfaltet werden. Allerdings ist auch hier Vorsicht geboten: Gemeinsame Themenfelder oder Thesen zu haben bedeutet nicht, die gleichen Antworten zu geben oder die gleichen Annäherungen zu unternehmen. Neben dem Aufweis von Gemeinsamkeiten wird es deshalb immer auch um das Kenntlichmachen von Differenzen gehen.

In diesem Kapitel beschäftigen wir uns zum einen damit, was innerhalb des Diskurses radikaler Demokratietheorie überhaupt unter Demokratie*theorie* verstanden wird. Dabei wird sich zeigen, dass Theorien radikaler Demokratie in verschiedenen Hinsichten selbst radikale Theorien sind. In diesem Sinne müsste also im Grunde von radikalen Theorien radikaler Demokratie die Rede sein. Um aber keine allzu unnötig komplizierten Formulierungen zu verwenden, wird im Folgenden von den mittlerweile gebräuchlichen Wendungen radikale Demokratietheorie oder Theorien radikaler Demokratie Gebrauch gemacht.

Zum anderen wird es darum gehen, die Bedeutung von Gesellschaftstheorie und Zeitdiagnose für radikale Demokratietheorien herauszustellen. Das Theorieverständnis vieler radikaler Demokratietheorien unterscheidet sich dabei nicht nur erheblich von anderen sozialwissenschaftlichen und philosophischen Theoriebegriffen, sondern es entwickelt sich zudem in, teils polemischer, Abgrenzung zu ihnen. In einem ersten Schritt werden deshalb zwei kritische Hauptlinien rekonstruiert: eine, die sich gegen die empirische Politikwissenschaft und die politische Soziologie richtet, und eine, die sich gegen die normative politische Philosophie abgrenzt (1.1). Im Anschluss daran lässt sich die Rede vom demokratischen Zeitalter und von der Demokratie als Gesellschaftsform, die in der Überschrift dieses Kapitels auftaucht, erörtern. In diesem Zusammenhang wird herausgestellt, dass radikale Demokratietheorien sich wesentlich als kritische Gesellschaftstheorien verstehen, für die Zeitdiagnose – also auch die Diagnose eines demokratischen Zeitalters – eine wichtige Rolle spielt (1.2). Viele radikale Demokratietheorien teilen dabei eine kritische Positionierung zum Theorie- und Praxisprojekt des Marxismus; diese Positionierung, für die sich heute die Bezeichnung Postmarxismus etabliert hat, ist aufschlussreich für die Konturen des Diskurses radikaler Demokratie (1.3). Zum Abschluss wird die herausgehobene Stellung ausgewiesen, die der Idee der Praxis im Feld radikaler Demokratietheorien zukommt (1.4).

## 1.1 Kritik der empirischen Politikwissenschaft und der politischen Philosophie

Kritische Absetzungsbewegungen sind theoriegeschichtlich keine besondere Erscheinung, sondern beinahe so etwas wie der

Normalmodus der Theorieentwicklung. Bekannt sind hier ideengeschichtliche Lehrer-Schüler-Konstellationen, wie sie uns in der Antike am berühmten Beispiel Platons und Aristoteles' oder, in der Ideengeschichte des 19. Jahrhunderts, am ebenso bekannten Fall Hegels und Marx' begegnen. Der eigene theoretische Ansatz wird in diesen Fällen durch eine kritische Auseinandersetzung mit vorangegangenen Überlegungen geschärft. Aristoteles entwickelt so seine zwischen empirischen und normativen Dimensionen vermittelnde Position gegen den strikten Idealismus Platons (vgl. Aristoteles 1995), und Marx fordert gar, man müsse Hegel vom Kopf auf die Füße stellen, um dessen aus Marx' Sicht idealistisch verfehlte Philosophie in eine materialistische Theorie zu überführen (vgl. Marx 1972: 27). Ebenfalls wenig ungewöhnlich ist der Gestus einer kritischen Absetzung nicht nur von einzelnen Vorgänger*innen, sondern die Diagnose der Verfehltheit einer ganzen Denktradition: Hegel beispielsweise wirft so der Disziplin der Logik vor, es sei ein Mangel, dass sie seit Aristoteles keine Umarbeitung erfahren habe (vgl. Hegel 1986: 46), und bereitet damit seine eigenen Überlegungen zur *Wissenschaft der Logik* vor, die weit über die üblichen Bestimmungen der Logik hinausgehen. Vielfach greifen diese großangelegten Kritiken ganzer Denktraditionen oder Disziplinen dabei den Vorwurf auf, dass durch die falschen und einer Kritik zu unterziehenden theoretisch-konzeptionellen Weichenstellungen die entscheidenden Punkte geradezu zwangsläufig übersehen werden; exemplarisch sei hier an Marx' Kritik der bürgerlichen Ökonomie erinnert, die dieser zum Vorwurf macht, den gesellschaftlichen Charakter des kapitalistischen Marktes und der kapitalistischen Produktionsweise gerade nicht verstehen zu können, weil sie naturalisiert statt als Produkt gesellschaftlicher Prozesse verstanden werden (vgl. Marx 1972: 90/91).

Dass der Absetzungsgestus dabei zuweilen radikal ausfällt, ist ebenso nicht ungewöhnlich – dies sei nur zur richtigen Einordnung der folgenden Skizze kritischer Absetzungsbewegungen radikaler Demokratietheorien gegenüber den Hauptströmungen des zeitgenössischen Demokratiedenkens erwähnt. Radikaldemokratische Kritiken lassen sich dabei vor allem in zwei Richtungen beobachten: Auf der einen Seite findet sich vehemente Kritik an den empirischen Strängen der Politikwissenschaft und der politischen Soziologie, und auf der anderen Seite wird die normative politische Philosophie einer grundlegenden Kritik unterzogen. Wie auch im weiteren Verlauf dieser Einführung wird es nun nicht darum gehen, eine möglichst große Zahl an Positionen zu skizzieren, sondern an besonders eindrücklichen Beispielen die Konturen und die Stoßrichtungen dieser Kritiken herauszustellen.

Grundlegende Einwände gegen die empirische Politikwissenschaft und die politische Soziologie finden sich in Claude Leforts politischer Theorie, die mit keinem geringeren Anspruch auftritt als dem einer »Wiederherstellung der politischen Philosophie« (Lefort 1990b: 281). In dem programmatischen Aufsatz *Die Frage der Demokratie*, in dem Lefort diesen Anspruch u.a. erhebt, findet sich eine tiefgreifende wissenschaftstheoretische Kritik an der empirischen Politikwissenschaft. Problematisch erscheint Lefort hier konzeptionell das szientistische Selbstverständnis, das nach seinem Eindruck die empirische Politikwissenschaft prägt. Damit verfehlt diese aus seiner Sicht nicht allein ein angemessenes Verständnis von Demokratie, sondern sie ist ganz grundsätzlich nicht imstande, das Politische (vgl. weiter unten Kap. 3) zu denken (vgl. Lefort 1990b: 283 ff., s.a. Lefort 1999: 39ff.). Warum ist das so, und worin sieht Lefort das Problem? Das szientistische Verständnis von empirischer Politikwissenschaft und politischer Soziologie selbst ist aus seiner Sicht das Hauptproblem. Politikwissenschaft und politische Soziologie denken ihren Erkenntnisgegenstand in der Form eines »politischen Faktums«, das als »partikulare Tatsache« von »anderen sozialen Tatsachen unterschieden« (Lefort 1990b: 283) wird. Der Erkenntnisprozess wird demzufolge so konzipiert, dass neutrale Subjekte – die Politikwissenschaftler*innen – Objekte und deren Beziehungen untereinander, also »Kausalbeziehungen zwischen den Phänomenen, die Organisations- und Funktionsgesetze der Systeme und Subsysteme« (Lefort 1990b: 285) untersuchen. Diese epistemische Organisation des empirischen Forschungsprozesses folgt dem wissenschaftstheoretischen Modell, das sich im Laufe der Neuzeit vor allem für die Naturwissenschaften als paradigmatisch etabliert hat und das bis heute in den empirischen, vor allem den quantitativ verfahrenden Teilen der Sozialwissenschaften eine immer stärkere Dominanz entwickelt. Nicht übersehen werden sollte dabei allerdings, dass empirische Forschungen in der Politikwissenschaft und der politischen Soziologie keineswegs unvermeidlich ein szientistisches Selbstverständnis haben müssen, auch wenn Ansätze mit einem solchen Selbstverständnis in der empirischen Politikforschung der Gegenwart weiterhin eine sehr dominante Stellung innehaben. Radikaldemokratische Diskurse haben aber selbst andere Formen empirischer Politikforschung inspiriert. Im deutschsprachigen Raum sei hier etwa auf die methodisch und konzeptionell völlig anders angelegten Untersuchungen und methodologischen Erwägungen verwiesen, die Martin Nonhoff im Anschluss an Ernesto Laclaus und Chantal Mouffes Überlegungen zu radikaler Demokratie und Hegemonie (vgl. Laclau/Mouffe 2012) in den vergangenen Jahren systematisch vorangetrieben hat (vgl. Nonhoff 2006 und 2008).

Grundlegend falsch erscheint Lefort an der szientistischen empirischen Politikforschung, dass ihr die Rolle des gesellschaftlichen Kontextes bei der Formierung dieser aus seiner Sicht nur vermeintlich politischen Fakten weitgehend aus dem Blick gerät. Wie wir im nächsten Abschnitt (vgl. 1.2) noch genauer sehen werden, versteht u.a. Lefort politische Institutionen, aber auch politische und soziale Ordnungen insgesamt als Ergebnisse politisch-sozialer Instituierungsprozesse. Nicht die vorgeblichen Fakten, sondern deren Genese gilt es deshalb in den Blick zu nehmen. Genau das aber lässt das wissenschaftstheoretische Selbstverständnis der Politikwissenschaft nicht zu:

> »Die politische Wissenschaft wird aus einem ›Willen zur Objektivierung‹ geboren, der vergißt, daß es keine Elemente oder Elementarstrukturen, keine Wesenheit (Klassen oder Klassensegmente), keine gesellschaftlichen Beziehungen, keine ökonomische und technische Bestimmung, keine Dimensionen des gesellschaftlichen Raumes gibt, die ›vor‹ ihrer Formgebung existierten.« (Lefort 1990b: 284)

Kurzum: Gerade dadurch, dass Politikwissenschaft und politische Soziologie versuchen, das Politische und die Demokratie als Gegenstände wissenschaftlich zu objektivieren, verfehlen sie Lefort zufolge deren Charakter vollständig. In dieser Kritik am Szientismus von empirischer Politikwissenschaft und politischer Soziologie wird bereits ein Vorbegriff radikaler Demokratietheorie deutlich, wie er sich im Anschluss an Lefort formulieren lässt: Demokratie ist nicht einfach ein Regierungssystem, dessen Elemente sich als politisch-soziale Fakten beschreiben und untersuchen lassen, sondern sie ist eine spezifische politische Weise der Formgebung (*mise en forme*), Sinngebung (*mise en sens*) und Inszenierung (*mise en scène*) des gesellschaftlichen Raumes (vgl. Lefort 1990b: 284) – ihr kommt mithin nicht nur eine entscheidende Rolle bei der Gestaltung des Gesellschaftlichen zu, sondern sie ist eine spezifische Form seiner Gestaltung. In diesem

Sinne bedeutet radikale Demokratie, diese grundlegende Bedeutung politischer Stiftung gesellschaftlicher Ordnung anzuerkennen.

Neben der innerhalb radikaldemokratischer Ansätze weithin geteilten Skepsis gegenüber szientistischen Selbstverständnissen richtet sich eine weitere wesentliche Kritiklinie gegen die Denktradition einer normativen politischen Philosophie, die beansprucht, normative Prinzipien oder Modelle zu begründen, die gleichsam den Rahmen für politische und in der normativen politischen Philosophie des 20. Jahrhunderts und der Gegenwart auch für demokratische Prozesse bilden sollen. Eine deutliche und weitreichende Kritik daran findet sich in den demokratietheoretischen Überlegungen Jacques Rancières, der diese Kritik nicht auf die politische Philosophie der Gegenwart beschränkt, sondern im Grunde auf die gesamte Tradition der politischen Philosophie seit der Antike ausweitet.[2] Auch wenn sich Rancière verschiedentlich gegenüber Lefort abgrenzt (vgl. Rancière 2002: 109), stützt sich seine Kritik der politischen Philosophie auf ein ganz ähnliches Verständnis von demokratisch-politischer Weltgestaltung, die in diesem Fall durch die politische Philosophie aber nicht nur, wie es Lefort der empirischen Politikwissenschaft zum Vorwurf gemacht hat, erkenntnistheoretisch ausgeblendet, sondern systematisch verdrängt werden soll: Rancière versteht letztlich die gesamte Tradition politischer Philosophie von Platon und Aristoteles über Hobbes bis zu Marx und in der politischen Philosophie der Gegenwart Habermas als Versuche, mit dem gestalterischen, streithaften und stets unberechenbaren Charakter von Politik und Demokratie Schluss zu machen. Dies geschieht, indem an die Stelle des demokratisch-politischen Streits über die Einrichtung von Welt feste, philosophisch wohlbegründete Modelle einer politisch-sozialen Ordnung (in Rancières Terminologie, mit der wir uns später noch eingehender beschäftigen werden: einer polizeilichen Ordnung) gesetzt werden. Rancière unterscheidet dabei im Einzelnen drei bzw. vier Varianten dieses Beiseitesetzens von Politik (vgl. Rancière 2002: 73–104, bzw. für die vierte Variante: 105–131): erstens eine Archi-Politik, deren Modell Platons Idealstaat liefert, indem eine feste, dem Anspruch nach auf philosophische Wahrheit gegründete Ordnung den Gesellschaftsmitgliedern qua Erkenntnis Plätze zuweist und somit politische Auseinandersetzungen überflüssig macht; zweitens eine Para-Politik, die sich etwa in Hobbes' Entwurf eines Leviathans finden lässt, der den öffentlichen Raum depolitisiert, indem die Subjekte mit dem Übergang in einen gewaltmonopolistischen politischen Verband ihre politischen Rechte aufgeben und eine eingeschränkte Gestaltungsfreiheit nur noch in den Bereichen des Privaten und der Wirtschaft besitzen; drittens eine Meta-Politik, für die Marx das philosophiegeschichtliche Vorbild liefert (wir kommen darauf in Kap. 1.3 zurück) und die Politik überwindet, indem sie die Einrichtung einer Ordnung ankündigt, in der politische Auseinandersetzungen überflüssig geworden sind. Mit Blick auf die Gegenwart des 20. und 21. Jahrhunderts ließe sich schließlich noch die Postdemokratie als vierte Variante einer Verdrängung von Politik verstehen, die in diesem Fall durch die Begründung und Verordnung von Konsens über und in Entscheidungsverfahren erfolgt – Jürgen Habermas ist hier der theoretische Referenzpunkt (vgl. Rancière 2002: 105 ff.). Rancière bezieht in diese Kritik der politischen Philosophie übrigens die empirischen Sozialwissenschaften durchaus mit ein, die ihm durch ihre Versuche, als objektiv präsentierte, empirisch erhärtete Antworten auf gesellschaftliche Herausforderungen und Konflikte zu geben, als eine Variante des Projekts erscheinen, Schluss mit der Politik zu machen (vgl. Rancière 2002: 103 f.) – der praktische Niederschlag dieser Form von sozialwissenschaftlicher ›Lösung‹ gesellschaftlicher Herausforderungen wäre die Expertokratie (vgl. Rancière 1997b: 113/114).

Auch in dieser Kritik der politischen Philosophie begegnen uns die Konturen jenes Begriffs radikaler Demokratie wieder, die wir weiter oben kurz im Anschluss an Leforts Kritik der empirischen Politikwissenschaft angedeutet haben: Wenn Rancière der politischen Philosophie in ihren unterschiedlichen Varianten ein Schlussmachen mit Politik zum Vorwurf macht, dann deutet das auf eine demokratisch-politische Praxis des Streits über die Einrichtung unserer sozialen und politischen Welt hin, die für Politik und Demokratie offenbar wesentlich ist, von der politischen Philosophie aber unterdrückt wird. Solche Vorstellungen radikaler Demokratie verweisen auf in ersten Umrissen bereits sichtbar gewordene gesellschaftstheoretische und zeitdiagnostische Überlegungen, denen wir uns deshalb nun zuwenden werden.

## 1.2 Radikale Demokratietheorie als kritische Gesellschaftstheorie und Zeitdiagnostik

Eine wichtige Pointe radikaldemokratischer Sichtweisen liegt in der These, dass die in der Politikwissenschaft üblichen Verständnisse von Demokratie als einem Regierungssystem von vornherein zu kurz greifen und den radikalen, konstitutiven Charakter demokratischer Praxis übersehen. Versteht man Demokratie einfach als Regierungssystem, dann gerät leicht aus dem Blick, dass gesellschaftliche Ordnungen erst politisch instituiert werden müssen. Das geschieht in den wenigsten Fällen geplant und es muss nicht demokratisch erfolgen, aber die grundlegende Gestaltbarkeit von Gesellschaft birgt zumindest die Möglichkeit einer demokratischen Instituierung von Gesellschaft. Manchmal, im Fall von Revolutionen etwa, vollzieht sich die Instituierung einer neuen Ordnung zeitlich verdichtet, vielfach aber werden die Prozesse der Hervorbringung gesellschaftlicher Ordnung zeitlich so stark gestreckt, dass die Dimension der aktiven Gestaltung kaum wahrnehmbar zu sein scheint. Insgesamt aber sind die Ordnungen und Institutionengefüge, auf die wir in Gesellschaften treffen, Ergebnisse politischer Auseinandersetzungen. Das zumindest ist eine These, die in ganz unterschiedlichen Ansätzen radikaldemokratischen Denkens weithin geteilt wird: Von Leforts Überlegungen zum demokratischen Zeitalter und zur politischen Instituierung gesellschaftlicher Strukturen (vgl. Lefort/Gauchet 1990; Lefort 1990b) über Laclaus und Mouffes hegemonietheoretische Lesart radikaler Demokratietheorie (vgl. Laclau/Mouffe 2012) bis hin zu Jacques Rancières These einer sinnlichen Aufteilung der Welt im Modus des demokratischen Konflikts (vgl. Rancière 2002) – stets werden diese Überlegungen von der Annahme angeleitet, dass soziale und politische Ordnungen durch politische Auseinandersetzungen in die Welt gebracht werden.

In dieser These liegt zu einem guten Teil die Radikalität radikaler Demokratietheorien begründet: Wenn gesellschaftliche Ordnungen auf dem Weg politischer Auseinandersetzungen überhaupt erst hervorgebracht werden, dann lässt sich Demokratie nicht auf ein Entscheidungsverfahren reduzieren, wie es nach dem Eindruck radikaler Demokratietheorien der Mainstream der empirischen Politikwissenschaft nahelegt. Vielmehr birgt demokratische Praxis das emanzipatorische Potenzial einer Weltgestaltung beziehungsweise, da wir es ja immer schon mit einer gestalteten Welt zu tun haben, einer Um- oder Neugestaltung unserer sozialen und politischen Welt. Dadurch erklärt sich auch, warum Gesellschaftstheorie und Zeitdiagnose eine so entscheidende Rolle im Diskurs radikaler Demokratietheorien zukommt: Mit Thesen wie der einer politischen Instituierung der Gesellschaft (vgl. Lefort/Gauchet 1990) oder eines politischen Streits über die sinnliche Aufteilung der Welt (vgl. Rancière 2000) werden Politische Theorie und Demokratietheorie selbst zur Gesellschaftstheorie. Wir werden in diesem Abschnitt manche Dimensionen dieser politischen Gesellschaftstheorie und auch Kontroversen darüber, wie sie auszubuchstabieren ist, vorerst nur andeuten können. Ihre genauere Betrachtung wird dann in späteren Kapiteln erfolgen, die sich etwa mit der Kontingenz von Gesellschaft (Kap. 2), mit Konflikt und Dissens (Kap. 4) oder mit der Konstitution von Subjekten (Kap. 5) beschäftigen.

Der zugleich gesellschaftstheoretische und zeitdiagnostische Charakter radikaler Demokratietheorien wird in der politischen Theorie Claude Leforts, in dessen Schriften viele wichtige Themen und Thesen des Diskurses radikaler Demokratie auftauchen, mit großem Nachdruck deutlich. Lefort versteht das Politische, wie wir bereits angedeutet haben, als Modus der Instituierung des Gesellschaftlichen. Wir werden uns später noch eingehend der für viele radikale Demokratietheorien wichtigen Unterscheidung zwischen Politik und Politischem zuwenden (vgl. Kap. 3). Hier sei zunächst nur kurz festgehalten, dass Lefort das Politische in dem Sinne als eine Instituierung des Gesellschaftlichen versteht, als gesellschaftliche Strukturen und Ordnungen sich auf politische Auseinandersetzungen zurückführen lassen – womit auch impliziert wird, dass sie durch politische Infragestellungen und Konflikte aufgebrochen und umgestaltet werden können. Leforts politische Theorie ist dadurch zugleich auch eine politische Gesellschaftstheorie, da sie die konstitutive Bedeutung des Politischen für die Hervorbringung gesellschaftlicher Ordnungen herausstellt. Für Lefort kommt das in einem Ereignis wie der Französischen Revolution besonders plastisch zum Ausdruck, da hier die doppelte Wirkungsweise des Politischen als einer radikalen Infragestellung einer bestehenden Ordnung und der Hervorbringung einer neuen Ordnung historisch-zeitlich verdichtet sichtbar wird. Die Bedeutung der Französischen Revolution geht aber für Lefort noch deutlich darüber hinaus, ein besonders eindrückliches Beispiel für die Wirkungsweise des Politischen zu sein: Spätestens mit ihr bricht zeitdiagnostisch das von Lefort so bezeichnete demokratische Zeitalter an. Was ist das Besondere an einer demokratischen Organisation der politischen Instituierung des Gesellschaftlichen? Demokratische Politik, so lassen sich Leforts komplexe Überlegungen vielleicht versuchsweise zusammenfassen, zeichnet sich gegenüber anderen Formen der Politik dadurch aus, dass sie die (Um-)Gestaltungsdimension des Politischen bewusst zur Kenntnis nimmt und sich damit auch Rechenschaft darüber ablegt, dass gesellschaftliche Ordnung nicht unumstößlich besteht, wodurch sich mit der Demokratie »eine unbestimmte Fahrt ins Neue« (Lefort 1990a: 35) eröffnet. Damit ist nicht gesagt, dass sich nicht auch frühere Weisen der politischen Organisation von Gesellschaft als Ergebnisse von politischen Auseinandersetzungen verstehen lassen, aber diese politische Genese ihrer Strukturen bleibt in ihnen gleichsam subkutan und kommt nicht zum Vorschein. In demokratischen Gesellschaften hingegen wird der Streit um die Macht explizit anerkannt, was zu Leforts mittlerweile berühmt gewordener Formulierung führt, dass der Ort der Macht in der Demokratie zu einem leeren Ort wird (vgl. Lefort 1999: 49 ff.), weil seine Besetzung konstitutiv umstritten bleibt und nur temporär erfolgt. Demokratische Gesellschaften erkennen damit an, dass sie keine feste Gestalt haben, und lassen sich in diesem Sinne auf die oben erwähnte unbestimmte Fahrt ins Neue oder, wie es in einem anderen Aufsatz Leforts im Anschluss an Alexis de Tocqueville[3] heißt, auf das demokratische Abenteuer ein (vgl. Lefort 1986b: 220, s. a. Flügel Martinsen 2015a). Diese Anerkennung der Offenheit und Unabgeschlossenheit kann aber, wie Lefort durchaus sieht, auf vehemente Ablehnung stoßen, die dann zu totalitären Schließungsversuchen führen kann

– wir werden uns mit diesen Überlegungen Leforts weiter unten in der Auseinandersetzung mit dem Populismus beschäftigen (vgl. Kap. 6).

Leforts Interpretation der demokratischen Revolution als des Beginns eines demokratischen Zeitalters, in dem sich die Grundlosigkeit und Offenheit gesellschaftlicher Strukturen sichtbar in das symbolische Register einträgt, hat im Diskurs der radikalen Demokratie rege Aufnahme gefunden. Ernesto Laclau und Chantal Mouffe haben in ihrem mittlerweile klassisch zu nennenden Buch *Hegemony and Socialist Strategy* – in dessen deutscher Übersetzung die radikale Demokratie in den Titel aufgenommen wurde: *Hegemonie und radikale Demokratie* (Laclau/Mouffe 2012) – an Leforts Diagnose der demokratischen Revolution und ihrer strukturellen Folgen angeschlossen. Finden sich bei Lefort deutliche Hinweise auf eine Gesellschaftstheorie des Politischen und der radikalen Demokratie, dann wird sie in dieser Studie, die den Begriff der radikalen Demokratie, allerdings in einer bestimmten Lesart, überhaupt erst popularisiert hat, ins Zentrum der Gedankenführung gerückt. Laclau und Mouffe entwerfen dort im Anschluss an Antonio Gramscis Hegemonietheorie (vgl. Gramsci 1994: 1375–1398) eine Gesellschaftstheorie, in der nicht nur die Bedeutung des Politischen für die Instituierung von Gesellschaft herausgestellt, sondern in der sogar, wie es Laclau auch im Rückblick nach mehreren Jahrzehnten noch unterstreicht, ein Primat des Politischen bei der Konstitution gesellschaftlicher Ordnung reklamiert wird (vgl. Laclau 2007a: 36). Die Ordnung des Sozialen, so lassen sich die dort angestellten Überlegungen verstehen, geht stets auf politische Konflikte zurück, in denen sich widerstreitende Positionen in hegemonialen Kämpfen gegenübertreten (vgl. Laclau/Mouffe 2012: 127 ff.). Jede gesellschaftliche Ordnung ist damit das Ergebnis politischer Kämpfe um Hegemonie, und eine Position ist, wie

Laclau und Mouffe mit Gramsci annehmen, genau dann hegemonial geworden, wenn sie nicht mehr als eine politische Position unter anderen erscheint, sondern wenn es ihr gelungen ist, sich als selbstverständlich erscheinende Ordnung zu etablieren. Wenn sie diese Kämpfe als politische Konflikte verstehen, dann verweisen sie damit, ebenso wie Lefort, darauf, dass es »nichts Unvermeidbares oder Natürliches in den verschiedenen Kämpfen gegen die Macht« gibt. Deshalb ist es erforderlich, »in jedem einzelnen Fall die Gründe für ihr Auftauchen und die verschiedenen Modi, die sie annehmen können, zu erklären« (Laclau/Mouffe 2012: 193). Auf die in diesen Formulierungen implizierte Kontingenzdiagnose kommen wir gleich noch ausführlicher zu sprechen (vgl. Kap. 2). Was für den vorliegenden Kontext aber wichtig ist, ist der enge Zusammenhang von Gesellschaftstheorie und Zeitdiagnose und die Bedeutung von beidem für die Politische Theorie: Laclau und Mouffe unterstreichen nachdrücklich, dass die Analyse politischer Auseinandersetzungen nur im Licht einer Analyse gesellschaftlicher Strukturen erfolgen kann, die aber keineswegs einen allgemeinen oder überzeitlichen Charakter aufweisen, sondern stets spezifische historische Verhältnisse sind. Die demokratische Revolution, von der Laclau und Mouffe hier ähnlich wie Lefort – und wie er unter Rekurs auf Tocqueville (vgl. Laclau/Mouffe 2012: 195) – sprechen, zeichnet sich dabei aus ihrer Sicht durch das Aufbrechen von fixierten Verhältnissen aus, wie sie etwa für die monarchisch-feudalistischen Gesellschaften des alten Europas maßgeblich waren. Demokratie verweist demnach wiederum auf die Möglichkeit einer reflexiven Gestaltung gesellschaftlicher Verhältnisse. Wie auch bei Lefort muss mitgedacht werden, dass für die Gesellschaften des alten Europas keineswegs galt, dass sie nicht auf politische Konflikte und Auseinandersetzungen zurückzuführen waren – sie haben diesen Umstand aber mithilfe einer »theologisch-politischen Logik« unsichtbar zu machen versucht, der zufolge »die soziale Ordnung ihre Begründung im göttlichen Willen hatte« (Laclau/Mouffe 2012: 195).

Die Frage, die sich bei einer solchen Verschränkung von Gesellschaftstheorie und spezifischer Zeitdiagnose der europäischen Moderne gerade heute im Lichte postkolonialer Ansätze stellt, ist, welche Bedeutung den bürgerlichen Revolutionen der nordatlantischen Moderne hierbei zugeschrieben wird. Sie übernehmen in den bislang herangezogenen Überlegungen zuweilen die Rolle einer Zeitenwende, wodurch ein spezifischer historischer Entwicklungspfad als Voraussetzung einer radikaldemokratischen Praxis der politischen Selbstgestaltung stilisiert zu werden scheint. Das wird mittlerweile durchaus als problematisch wahrgenommen. Chantal Mouffe hat in den letzten Jahren etwa den eigenen Rekurs auf die Kategorie der Moderne problematisiert. So führt sie aus, dass der Begriff der Moderne aus ihrer Sicht von postkolonialen Theoretiker*innen zu Recht als Teil des europäischen Imperialismus verstanden wird (vgl. Mouffe 2014: 66), weswegen sie selbst auf die Verwendung des Begriffs »moderne Demokratie«, den sie zuvor verschiedentlich aufgegriffen hat, zu verzichten sucht (vgl. Mouffe 2014: 16). Mouffe zeigt sich damit überzeugt, dass es zwar erforderlich ist, das Narrativ, wonach einzig oder wesentlich die europäische Moderne zur Demokratie führe, zurückzuweisen. Gleichzeitig aber lassen sich ihre Überlegungen so verstehen, dass an Demokratie – so man denn bereit ist, sie hinreichend pluralistisch zu verstehen und sich nicht auf einen Entwicklungspfad und eine Variante fixiert – als emanzipatorischem Projekt auch in postkolonialer Perspektive festgehalten werden kann und sollte.

Interessant sind hier auch Überlegungen, die Cornelius Castoriadis zur Demokratie im antiken Griechenland anstellt (vgl. Castoriadis 1990a). Zwar bleiben diese auf den europäischen Kontext fixiert und überhöhen die Leistung der griechischen Antike in einer stark eurozentrisch anmutenden Weise. Sie sollen hier dennoch kurz Erwähnung finden, weil Castoriadis mit ihnen Zweifel an der üblichen Erzählung der demokratischen Reflexivität und Offenheit als einer erst in der europäischen Moderne erschlossenen Dimension anmeldet. Ebenso wie Lefort stellt Castoriadis die »Selbst-Institution der Gesellschaft« (Castoriadis 1990a: 300) ins Zentrum seiner demokratietheoretischen Überlegungen. Allerdings verknüpft er diese nicht mit den bürgerlichen Revolutionen des 18. und 19. Jahrhunderts, sondern sieht sie als Praxis bereits in der attischen *polis* verwirklicht: »Die *poleis*, zumindest die Athener, bei denen wir die wenigsten Informationslücken haben, hörten nicht auf, ihre Institution in Frage zu stellen; der *demos* veränderte auch weiterhin die Regeln, nach denen er lebte.« (Castoriadis 1990a: 306) Castoriadis sieht demnach die reflexive Distanznahme von gegebenen Institutionenordnungen und die offene Thematisierung ihrer Umgestaltbarkeit bereits in der griechischen Antike und nicht erst im Zeitalter der bürgerlichen Revolutionen historisch aufscheinen. Wie uns diese Überlegungen Mouffes und auch diejenigen Castoriadis' zeigen, tun wir in jedem Fall gut daran, die Vorstellung einer radikaldemokratischen Praxis nicht vorschnell auf bestimmte Epochen und kulturelle Kontexte zu beschränken. Dabei aber bleibt es dennoch, auch das dürften die bisherigen Überlegungen zu Gesellschaftstheorie und Zeitdiagnose gezeigt haben, von großer Wichtigkeit, die spezifischen Kontextbedingungen einer eingehenden Analyse zu unterziehen.

Einen der gegenwärtig vermutlich einflussreichsten Ansätze, in dem ein radikales Denken der Demokratie mit Gesellschaftstheorie aufs Engste verwoben wird, hat Jacques Rancière vorgelegt. Wie wir gesehen haben, beschränkt er bereits seine Kritik der politischen Philosophie im Namen einer demokratischen

Praxis, die sich nicht theoretisch einhegen oder gar überflüssig machen lässt, nicht auf eine Epoche wie die der Moderne. Politische Philosophie, so lautete sein Vorwurf schon gegen Platons Entwurf einer Philosoph*innenherrschaft, suche mit Politik als der Eröffnung eines demokratischen Streits um die Einrichtung von Welt Schluss zu machen. Die Strukturen eines politischen Sinn- und Institutionengefüges, denen Rancière den Namen einer polizeilichen Ordnung gibt (vgl. Rancière 2002: 33 ff., s. weiter unten: Kap. 4), begreift er dabei als eine Aufteilung des Sinnlichen (*partage du sensible*): als »eine Ordnung des Sichtbaren und des Sagbaren, die dafür zuständig ist, dass diese Tätigkeit sichtbar ist und jene andere es nicht ist, dass dieses Wort als Rede verstanden wird, und jenes andere als Lärm« (Rancière 2002: 41). In dieser plastischen Beschreibung kommt der gesellschaftskonstitutive Charakter politischer Gestaltung besonders deutlich zum Ausdruck: Diese Ordnungen sind nicht einfach unseren Subjekt- und Kommunikationsformen äußerliche Institutionen. Sie entscheiden im Gegenteil darüber, wie der soziale und politische Raum beschaffen ist und wer auf welche Weise in ihm auftreten oder wer gar nicht in ihm oder in bestimmten seiner Teile erscheinen kann.[4] Wenn Frauen über lange Abschnitte der dokumentierten Geschichte in den Raum des Privaten verwiesen und aus der Öffentlichkeit – zumindest als entscheidungsberechtigte Mitglieder dieser Öffentlichkeit – ferngehalten werden sollen, dann tritt uns damit genau eine solche Form der Exklusion, der Erzeugung eines Teils der Anteillosen (*la part des sans-part*), gegenüber, die durch politische Gestaltungen in die Welt gebracht wurde und die, wie der Kampf und die Erfolge der Frauenrechtsbewegungen zeigen, auch politisch wieder aus der Welt gebracht werden kann, indem diese umgestaltet wird. Demokratische Politik ist für Rancière damit die Politik der Dissensartikulation durch diejenigen, die als Teile ohne Anteil von einer bestehenden Ordnung zugleich hervorgebracht und von ihr ausgeschlossen werden (vgl. Rancière 2002: 41).

Die Neugestaltung als Folge einer demokratischen Intervention in die bestehende Ordnung, die über diese hinausweist und die eine andere Aufteilung des Sinnlichen, eine andere Verteilung des Sichtbaren und des Sagbaren bewirkt, versteht Rancière als eminent demokratischen Vorgang (vgl. Rancière 2002: 108). Deshalb kann Demokratie für ihn auch nicht einfach als eine Staatsform (vgl. Rancière 2011: 87) oder als ein »set of institutions« (Rancière 2015a: 62) begriffen werden, da sie ja gerade diejenige Tätigkeit meint, mit deren Hilfe Staatsformen und Institutionengefüge infrage gestellt und neugestaltet werden können. Rancière reserviert den Begriff der Demokratie für die kritischen Tätigkeiten der Infragestellung und der Umgestaltung. Institutionenordnungen selbst bezeichnet er deshalb grundsätzlich nicht als demokratisch, was keineswegs heißt, dass alle gleichermaßen schlecht sind. Manche Staats- und Institutionenordnungen können demokratische Umgestaltungen eher zulassen als andere. Am problematischsten sind sicherlich diejenigen, die sich den Anschein einer natürlichen, unhinterfragbaren Ordnung der Dinge zu geben suchen.

Rancières politische Gesellschaftstheorie ist dabei aufs Engste mit einer ästhetischen Theorie verbunden, denn die Ordnungen des Sichtbaren und des Sagbaren sind Wahrnehmungsordnungen, die er mithilfe der Kategorie der Aisthesis (vgl. Rancière 2002: 38), einer Lehre von der Wahrnehmung der Welt, beschreibt: Politische Auseinandersetzungen sind, wie schon deutlich geworden sein dürfte, Kontroversen über die Welt, die die Form eines Dissenses über die Wahrnehmung von Welt annehmen, da unsere Wahrnehmung der Welt darüber entscheidet, in welcher Welt wir leben. Es ist deshalb kein Zufall, dass Rancière politische und ästhetische Überlegungen in vielen seiner Texte aufs

Engste miteinander verbindet (vgl. bspw. Rancière 2000, 2008, 2015a, 2015b und 2018a).

Demokratische Politik in diesem Sinne einer Neugestaltung von Ordnungen scheint in Rancières politischer Theorie zunächst einmal nicht auf einen bestimmten historischen oder kulturellen Kontext beschränkt zu sein: Sie ist im Grunde einfach nur der Name für eine widerständige Praxis, die gegebene Ordnungen und ihre Platzanweisungs- und Ausschlussmechanismen infrage stellt. Die widerständige Praxis der Demokratie hat demnach insofern gesellschaftstheoretische Implikationen, als Demokratie den bisherigen Ausführungen zufolge für Rancière der Name für eine Um- und Neugestaltung von Gesellschaft zu sein scheint: Rancière selbst spricht eher selten von Gesellschaft, sondern benutzt Begriffe wie den der *Ordnung* oder, wenn es ihm darum geht, die grundlegende Dimension dieser Umgestaltung zu betonen, den der *Welt*. So hält er etwa fest, dass es in der Politik um »rapports de mondes« (Rancière 1995: 67), um Weltverhältnisse (vgl. Rancière 2002: 54) geht, oder führt aus, dass die politische Artikulation eines Dissenses gegenüber einer bestehenden Ordnung dazu führe, dass »zwei Welten in ein und dieselbe Welt« (Rancière 2011: 483) gebracht werden, dass also die Möglichkeit einer anderen Welt gegenüber der bestehenden Welt geltend gemacht wird.

In Rancières Texten spielen Analysen der Kontexte eine entscheidende Rolle, aber er scheint Demokratie nicht auf eine bestimmte Epoche oder Kultur zu beschränken. Epocheneinteilungen wie die der Moderne tauchen deshalb eher selten auf. Es wäre aber nicht richtig zu behaupten, dass sie gar keine Rolle spielen. In einem jüngeren Aufsatz setzt Rancière sich beispielsweise, ästhetische und politische Dimensionen miteinander verknüpfend, mit dem Begriff der Moderne auseinander (vgl. Rancière 2018c). Allerdings weist er dort übliche Vorstellungen der

Moderne oder des Modernseins gerade zurück (vgl. ebd.: 52), insbesondere dann, wenn diese, wie in Hegels Philosophie, so verstanden werden, dass so etwas wie die Moderne bereits erreicht sei (vgl. ebd.: 60). Wenn Demokratie und Politik für Rancière emanzipatorische Prinzipien des Aufbrechens bestehender Ordnungen sind, dann würde es auch keinen Sinn ergeben, eine institutionelle Formation moderner Demokratie oder auch eine Epoche der modernen Demokratie konzeptionell fixieren zu wollen. Sie wären letztlich ebenfalls nur polizeiliche Ordnungen, die Teile ohne Anteil hervorbringen können, deren politische Aktivität dann darin besteht, Dissens zu artikulieren.

### 1.3 Postmarxistische Gesellschaftstheorie

Ein wichtiger Aspekt, der nicht nur theoriegeschichtlich, sondern auch systematisch in vielen Texten des Diskurses radikaler Demokratietheorie eine Rolle spielt, ist bislang kaum zur Sprache gekommen: das Verhältnis von radikalen Demokratietheorien und marxistischer Gesellschaftstheorie. Auf den ersten Blick teilen beide eine Reihe an Gemeinsamkeiten, denn schon Marx unterstreicht ja entschieden die Gewordenheit gesellschaftlicher Ordnungen, und seine gesamte Theorie lässt sich als ein Versuch verstehen, diese Gewordenheit in eine aktive Gestaltung durch die Gesellschaftsmitglieder zu überführen, um so eine gemeinsame selbstbestimmte Praxis zu ermöglichen (vgl. Marx 1972: 94). Zudem finden sich bei Marx selbst auch Spuren einer radikalen Demokratietheorie, die in jüngerer Zeit etwa im radikaldemokratischen Denken Miguel Abensours größere Aufmerksamkeit gefunden haben, der vor allem, aber nicht nur in Auseinandersetzung mit dem jungen Marx einer staatskritischen Theorie radikaler Demokratie nachspürt (vgl. Abensour 2012).

Allerdings konzediert auch Abensour, der sich um die vielleicht entschiedenste radikaldemokratische Marx-Lektüre bemüht (vgl. Richter 2019), dass dessen kritische Theorie der Politik, die nicht nur im Frühwerk eine Rolle spielt, sondern auch in späteren Schriften wieder auftaucht (vgl. auch Flügel-Martinsen 2018), »eng mit der Kritik der politischen Ökonomie verknüpft ist und ihr schließlich untergeordnet wird« (Abensour 2012: 199).

Finden sich schon in Marx' eigenen Schriften starke Tendenzen zu einer ökonomistischen Verkürzung der Theorie der Gesellschaft, dann ist das in den Theorieperspektiven, die in der durchaus ambivalenten und spannungsreichen Theoriegeschichte des Marxismus dominant geworden sind, in ungleich höherem Maße der Fall. Hinzu tritt in der marxistischen Theorieentwicklung neben der Tendenz zur Reduktion von Fragen der Gesellschafts- und der politischen Theorie auf ökonomische Gesichtspunkte die Einbettung der Theorieperspektive insgesamt in eine teleologisch angelegte Theorie und Philosophie der Geschichte.

Es sind vor allem diese beiden Elemente – der Ökonomismus einerseits und die Geschichtstheorie andererseits –, die zu einer postmarxistischen Ausrichtung radikaler Demokratietheorien führen. Zwar haben den Begriff des Postmarxismus in der heute einschlägigen Verwendungsweise im Wesentlichen Laclau und Mouffe Mitte der 1980er Jahre in ihrem Buch *Hegemonie und radikale Demokratie* (vgl. Laclau/Mouffe 2012) geprägt, aber ihre Überlegungen stellen keineswegs den einzigen postmarxistischen Versuch einer Theorie radikaler Demokratie dar. Unabhängig von ihnen hat so bereits einige Jahre früher der griechisch-französische Philosoph und Psychoanalytiker Cornelius Castoriadis, dessen im deutschsprachigen Diskussionskontext lange Zeit zu Unrecht vernachlässigtes Werk gerade so etwas wie eine kleine Renaissance erlebt (vgl. Sörensen 2016 und Sörensen/Agridopoulos

2016), eine postmarxistische politische Theorie entworfen (vgl. Flügel-Martinsen 2016). Castoriadis geht es, wie sich weiter oben bereits angedeutet hat, darum, das Selbstgestaltungspotenzial, das in der Offenheit der Geschichte liegt, zu betonen. Pointiert gefasst, birgt aus seiner Sicht Geschichte das Potenzial einer autonomen und selbstbestimmten politischen Praxis, in der Menschen ihr Schicksal gewissermaßen selbst in die Hand nehmen (vgl. Castoriadis 1990a: 362/263). Wesentlich ist dafür die Möglichkeit der Infragestellung von Gegebenem, die sich Castoriadis zufolge aus den Denk- und Praxisformen von Philosophie und Geschichte ergibt:

»Mit der Einführung von Demokratie und Philosophie beispielsweise als zwei gleichzeitig geschaffenen und wesensgleichen Institutionen hat die Geschichte vor zweieinhalb Jahrtausenden eine Entwicklung eingeleitet, die der Gesellschaft die Möglichkeit eröffnet, ihr eigenes Imaginäres explizit in Frage zu stellen.« (Castoriadis 1990a: 363)

Mit den reflexiven Mitteln von Philosophie und Demokratie kann sich Gesellschaft damit kritisch auf sich selbst beziehen; die reflexive Haltung von Philosophie und Demokratie ist die Antwort auf die von Castoriadis aufgeworfene Frage, inwieweit Gesellschaft sich »als ihre eigene Schöpfung erkennen, sich als instituierende anerkennen, sich explizit selbst instituieren und die Selbstverewigung des Instituierten überwinden« (ebd.: 362) kann. Das ist der radikaldemokratische Kern von Castoriadis' politischer Theorie.

Zunächst könnte es scheinen, als formuliere er damit nur eine Variante der Marx'schen Überlegungen. Denn auch Marx geht es offenkundig darum, eine selbstbestimmte Praxis perspektivisch zu eröffnen, mit deren Hilfe die Menschen von den sie in Ohnmacht versetzenden und hinter ihrem Rücken wirksamen Kräften des Marktes befreit werden (vgl. Marx 1972: 85–98); einer Institution, die, wie Marx hervorhebt, sie selbst geschaffen haben, die ihnen aber als ihnen äußerliche und unverfügbar erscheinende Instanz gegenübertritt (vgl. ebd. 89). Nun stoßen aus radikaldemokratischer Sicht nicht nur Marx' Kontrollfantasien (vgl. ebd. 94), die den undemokratischen Bürokratismus der Staaten des real existierenden Sozialismus schon unheilvoll ankündigen, bitter auf. Was Castoriadis vor allem problematisch findet, ist die unselige Kombination von Ökonomismus und Geschichtstheorie, die sich an einigen Stellen der Marx'schen Schriften findet und die später in der Formierung des orthodoxen Marxismus so etwas wie den konzeptionellen Kern der marxistischen Gesellschaftstheorie ausgemacht hat. Castoriadis zufolge unterbindet diese Theoriekonstruktion im Grunde jede Perspektive auf politisches Handeln, wodurch die Marx'sche Vorstellung revolutionärer Kämpfe ad absurdum geführt wird. Statt zu kämpfen, also politisch auf Umgestaltung hinzuwirken, erscheinen die Akteure »wie Agenten des Geschichtsablaufs, aber dessen unbewußte Agenten« (Castoriadis 1990b: 53). Während bei Marx Revolutionen das Mittel sind, um auf das *telos* der Geschichte, die klassenlose, befreite Gesellschaft hinzuwirken, lehnt Castoriadis einen solchen teleologischen Geschichtsbegriff rundheraus ab; für ihn ist Geschichte »nicht eine bestimmte Abfolge von Bestimmtem, sondern Auftauchen von radikal Anderem, immanente Schöpfung, nicht-triviale Neuheit« (ebd.: 314). Castoriadis entwickelt damit einen der wesentlichen postmarxistischen Einwände gegen den Marxismus.

Ganz ähnlich arbeitet Laclau heraus, dass die marxistische Theorie von der unauflösbaren Spannung zwischen einer politischen Theorie des Klassenkampfs und einer ökonomistisch-objektivistischen Geschichtstheorie durchzogen werde (vgl. Laclau 2007a: 25). Dabei sei die ökonomistische Geschichtstheorie das dominante Motiv, das der politischen Theorie des Klassenkampfes letztlich jegliche Entfaltungsmöglichkeit nehme. Den Grund dafür haben wir bei Castoriadis schon kennengelernt: Wo der Verlauf der Geschichte bereits theoretisch antizipiert wird, ist für eine politische Weltgestaltung als Kampf um die Einrichtung der Gesellschaft kein Raum mehr. In eine ähnliche Richtung weist auch Rancières in dieser Hinsicht ebenfalls postmarxistische Kritik des Marx'schen Theorieprojekts (vgl. Rancière 2002: 93 ff.): Nach Rancières Auffassung handelt es sich bei Marx' Theorie um eine Version der Meta-Politik, die die Sphäre der Politik erstens für eine Sphäre des Trugschlusses hält – in ihr täuschen sich die Akteure über ihre Handlungsmotive, die sich bestimmten Schichten in Marx' Schriften zufolge eigentlich erst aus ihrer Klassenlage ableiten lassen.[5] Zweitens aber zielt die Marx'sche Teleologie darauf, über die Sphäre der politischen Auseinandersetzung insgesamt hinauszugehen und Politik somit hinter sich zu lassen. Marx' Rede von der Aufgabe einer Aufhebung der Philosophie erhält damit den Sinn, Schluss mit der Politik zu machen: »Das ›Ende der Politik‹ ist die Vollendung der politischen Philosophie.« (ebd.: 98) Für Rancière hingegen lässt sich keine befreite gesellschaftlich-politische Ordnung denken; der politisch-demokratische Streit ist es, von dem die Möglichkeit emanzipatorischer Politik abhängt. Emanzipation hat deshalb die stete Möglichkeit der Dissensartikulation und der Umgestaltung zur Voraussetzung. Eine emanzipierte Gesellschaftsordnung bleibt eine gefährliche Schimäre. Demokratischer Streit muss über jede Gesellschaftsordnung möglich sein. Über ihn hinausgehen zu wollen, wie es Marx, hierin einer langen Tradition politischen Philosophierens folgend, nach Rancières Überzeugung beabsichtigt, bedeutet daher nicht, die Perspektive auf Emanzipation zu eröffnen, sondern sie zu verschließen. Für Laclau und Mouffe muss deshalb der »Mythos vom Kommunismus als transparenter und versöhnter Gesellschaft« (Mouffe 2018: 13) verabschiedet werden.

Laclau und Mouffe heben noch eine weitere wichtige Folge der ökonomistischen Verkürzung der marxistischen Theorie sozialer und politischer Kämpfe hervor, die für die Perspektive radikaler Demokratietheorie von großem Gewicht ist: Indem der Marxismus die gesellschaftlichen Konfliktbeziehungen durch ökonomische Kategorien abzubilden sucht, sieht er sich gezwungen, den konstitutiven Pluralismus dieser Auseinandersetzungen und der an ihnen beteiligten Gruppen systematisch auszublenden. Laclau und Mouffe betonen hingegen die konstitutive Vielfalt politischer Kämpfe und weisen deshalb die Vorstellung eines privilegierten revolutionären Subjekts, wie es der Marxismus mit dem Proletariat einführt, entschieden zurück (vgl. Laclau/Mouffe 2012: 189 ff., s.a. Mouffe 2018: 12 f.). Sie betonen damit, dass Bewegungen wie etwa Feminismus, Antirassismus oder Postkolonialismus als jeweils eigene politische Kämpfe und Akteur*innen verstanden werden müssen.

Radikale Demokratietheorien teilen demnach mit dem marxistischen Projekt die emanzipatorische Perspektive einer Kritik gesellschaftlicher Herrschafts-, Unterdrückungs- und Ausschließungsverhältnisse; in diesem Sinne sind sie post*marxistisch*. Sie bezweifeln aber, dass es so etwas wie einen Hauptwiderspruch geben könnte, der sich objektiv diagnostizieren oder gar endgültig überwinden lässt, wie es die historisch-materialistische Lesart Marx' nahelegt. Deshalb weisen beispielsweise Laclau und Mouffe auch den Begriff der Revolution als einer endgültigen Überwindung gesellschaftlicher Widersprüche zurück (vgl. ebd.: 221). Laclau ist aus diesen Gründen auch gegenüber dem Begriff der Emanzipation im Singular skeptisch (vgl. Laclau 2007b), der die Vorstellung des möglichen Endzustands einer emanzipierten Gesellschaft nahelegt. In diesem, deutlich über den Marxismus hinausweisenden Sinne sind radikale Demokratietheorien postmarxistisch. Die konzeptionelle Nähe dieser kritischen Denklinien führt aber keineswegs dazu, dass sich von einer einheitlichen radikaldemokratischen Theorieperspektive sprechen ließe. Zwischen ihnen ergeben sich vielmehr deutliche Unterschiede in verschiedenen Hinsichten. Während, wie soeben erwähnt, Laclau und Mouffe beispielsweise den Begriff der Revolution verwerfen, insistiert Castoriadis entschieden darauf, an ihm festzuhalten, da er es nach seiner Auffassung ermöglicht, radikal über das Bestehende hinauszudenken, wenn man ihn von den teleologischen Prämissen des marxistischen Denkrahmens gründlich entschlackt (vgl. Castoriadis 1990b: Kap. II). Einige dieser Differenzen zwischen verschiedenen Ansätzen radikaldemokratischen Denkens wie etwa unterschiedliche Lesarten von Konflikt und Dissens (vgl. Kap. 4), verschiedene Antworten auf die Frage nach dem Subjekt der Demokratie (vgl. Kap. 5) oder widerstreitende Haltungen zur Frage nach dem Verhältnis zu Institutionen (vgl. Kap. 4.4) werden uns in weiteren Kapiteln dieser Einführung noch beschäftigen. Eine Gemeinsamkeit vieler radikaler Demokratietheorien, der wir uns zum Abschluss dieses Kapitels nun noch kurz zuwenden werden, liegt aber in der Betonung der Bedeutung von politischer Praxis.

## 1.4 Die Bedeutung der Praxis

Radikale Demokratietheorien betonen sehr viel stärker als die meisten gängigen Demokratietheorien die Bedeutung von Praxis. So hebt Jacques Rancière etwa im Vorwort seines Buches *Das Unvernehmen* hevor, dass dieses dem Versuch diene, »die Rückkehr der ›politischen Philosophie‹ ins Feld der politischen Praxis zu denken« (Rancière 2002: 13). Die Gründe für diese herausgehobene Stellung der Praxis liegen im Verständnis dessen, was Theorie und damit auch Demokratietheorie zu sein beziehungsweise zu leisten vermag, vor allem aber auch: was sie nicht zu leisten vermag. Sie ist, so geben die bisherigen Darlegungen zu erkennen, vor allem ein Mittel der kritisch-reflexiven Befragung bestehender Ordnungsgefüge. Was sie hingegen – wie sich sowohl an der Kritik der gängigen Weisen politischer Philosophie als auch an der Auseinandersetzung mit dem Marxismus gezeigt hat – nicht sein kann, ist die Begründung eines umzusetzenden Modells oder gar die Antizipation von Geschichte. Wenn Lefort Demokratie im Anschluss an Tocqueville als ein Abenteuer versteht (vgl. Lefort 1990b: 288 ff.; ders. 1986b: 220; Flügel-Martinsen 2015a), dann wird dieses Verhältnis von Theorie und Praxis wie unter einem Brennglas sichtbar: Demokratie ist ein Abenteuer, weil sie eine stets offene Praxis bleibt, die sich nicht theoretisch absichern und einhegen lässt, sondern in die nur eine praktische Einübung möglich ist. Das macht die theoretische Perspektive keineswegs überflüssig, ändert aber die Rolle von Theorie: Sie ist nicht länger als Versuch einer Begründung von Modellen zu verstehen, sondern als kritische Reflexion gesellschaftlicher Praktiken (vgl. Kap. 2.3). Demokratie und demokratische Freiheit bleiben dabei immer eine gefährliche Praxis: Tocqueville macht hier die Gefahr einer Tyrannei der Mehrheit aus, Lefort betont, dass die Offenheit und die Leere des Orts der Macht zu totalitären Versuchen ihrer Füllung führen können, die Schluss mit der Offenheit und Unbestimmtheit der demokratischen Praxis machen (vgl. Lefort 2007b: 561 und 1990a: 47 ff.). Wir werden uns mit dem Charakter und den Folgen des Kontingenzdenkens, das in vielen Theorien radikaler Demokratie eine wichtige Rolle spielt, im folgenden Kapitel eingehender beschäftigen. Bereits an dieser Stelle können wir aber festhalten, dass radikale Demokratietheorien vielfach eine offene Praxis als wesentlich für Demokratie beschreiben, weil Demokratie, wie dies in der oben herangezogenen Beschreibung Castoriadis' gesagt wird, ein Mittel ist, mit dessen Hilfe sich Gesellschaften reflexiv so auf sich beziehen können, dass sie ihre eigene Gestalt explizit selbst infrage stellen können (vgl. Castoriadis 1990a: 363).

Radikale Demokratietheorien bringen damit Praxis ganz anders ins Spiel als der Marxismus, der deren Bedeutung ebenfalls hervorhebt: Wenn Marx in der 11. Feuerbachthese kritisch gegen »die Philosophen« einwendet, sie hätten »die Welt nur verschieden *interpretiert*«, während es darauf ankomme, »sie zu *verändern*« (Marx 1973: 7, Herv. i.O.), dann wird damit zwar auch eine Praxis angesprochen. Die theoretische und praktische Geschichte des Marxismus wird allerdings mehrheitlich einer Denkbahn folgen, der zufolge es die Aufgabe von Theorie ist, die umzusetzende Praxis wissenschaftlich zu begründen. Nicht als eine theoretisch bereits antizipierbare Form der Emanzipation, sondern als einen eigensinnigen, unberechenbaren Modus des Politischen, dessen emanzipatorischer Charakter gerade darin liegt, dass er sich nicht theoretisch vorwegnehmen lässt, ist demgegenüber das im Diskurs der radikalen Demokratie dominante Verständnis von Praxis angelegt. Pointiert bringt das Castoriadis auf den Begriff:

> »Praxis hingegen gibt es nur, wenn ihr Gegenstand seinem Wesen nach jeden Abschluß überschreitet und wenn sie selbst in einem ständig sich wandelnden Verhältnis zu diesem Objekt steht. Von Anfang an erkennt die Praxis ausdrücklich die Offenheit ihres Gegenstandes an; sie ist nur, insofern sie diese Offenheit anerkennt.« (Castoriadis 1990b: 153)

Leforts (Politik-)Wissenschaftskritik geht sogar noch über die hier von Castoriadis benutzte Terminologie des Objekts hinaus: Die demokratische Praxis ist ihm zufolge ein Modus des reflexiven Selbstbezugs von Gesellschaft auf sich selbst; Trennungen wie die zwischen Subjekt und Objekt werden damit nach Leforts Eindruck hinfällig, da beide in die Bewegung einer wechselseitigen reflexiven Durchdringung geraten, die die demokratische Praxis eines Streits um die Einrichtung gesellschaftlicher Ordnung darstellt.

Auch hier ist Vorsicht vor der Annahme geboten, dass damit ein einheitlicher radikaldemokratischer Begriff politischer oder demokratischer Praxis vorliegt: Während Castoriadis die Bedeutung der Autonomie von Subjekten für eine solche Praxis betont (vgl. ebd.: Kap. II.3), denken andere Autor*innen wie etwa Judith Butler diese Vorgänge mithilfe von Begrifflichkeiten wie jener der Performativität. Dieser Begriff trägt ihrer Annahme Rechnung, dass sich so etwas wie ein autonomes Subjekt gar nicht annehmen lässt, sondern wir eher darüber nachdenken müssen, wie Performativität und Subjektkonstitution, aber auch die Verschiebung von Subjektpositionen und -beziehungen in Spannungen und Machtbeziehungen vollzogen werden (vgl. Butler 2016; vgl. weiter unten: Kap. 5). Unabhängig von solchen Differenzen lässt sich aber festhalten, dass Praxis ein zentraler Begriff im Diskurs radikaler Demokratietheorie ist.

# 2. Grundlosigkeit: Die Radikalität der Kontingenz

Sehr zugespitzt lässt sich im Anschluss an Lefort davon sprechen, dass Demokratie schlicht eine Folge der sozialen Wahrnehmung von Kontingenz ist. Leforts Überlegungen zum Verlust von Gewissheit in modernen demokratischen Gesellschaften ließen sich dann so verstehen, dass Gesellschaften sich auf Demokratie als Modus des Umgangs mit Kontingenz verwiesen sehen, sobald sie über keine allgemein akzeptierten (oftmals extramundanen) legitimatorischen Quellen innerweltlicher Herrschaft mehr verfügen, wie sie etwa von der politischen Theologie monarchischer Herrschaft zur Verfügung gestellt wurden. Demokratie wäre dann schlicht die Art und Weise, wie Gesellschaften sich selbst gestalten, die nicht länger auf feste Orientierungspunkte zurückgreifen können, aus denen sich ihre Ordnungen und deren Legitimationsgründe ableiten ließen.

Kontingenz in diesem Sinne eines Verlusts von feststehenden Orientierungspunkten ist keine spezifische These des Diskurses radikaler Demokratietheorie. Sie stellt vielmehr eine weithin geteilte Diagnose im Diskurs der modernen politischen Theorie dar. Allerdings sind die Reaktionen auf diese Kontingenzdiagnose durchaus unterschiedlich. Während eine konservative Spielart des Kommunitarismus, wie sie etwa Alasdair MacIntyre in *Verlust der Tugend* (MacIntyre 1995) vertritt, in der Auflösung normativer fester Orientierungspunkte eine Krise der Gegenwartsgesellschaften ausmacht, wird Kontingenz in einer postmodernen Spielart des Liberalismus, wie sie mit großer Verve von Richard Rorty verfochten wird (vgl. Rorty 1992), geradezu begeistert begrüßt. Während MacIntyre dabei den Möglichkeiten der Restitution einer verbindlichen kollektiven Morallehre nachspürt, die auch die politische Gemeinschaft anzuleiten in der Lage sein soll, bevorzugt Rorty eine ironische Strategie, in der narrative Praktiken des Geschichtenerzählens eine empathische Form der Solidarität jenseits fester Gewissheiten erzeugen sollen. Eine weitere Variante des Umgangs findet sich schließlich in Jürgen Habermas' Überlegungen zu einer nachmetaphysischen Rettung normativer Orientierungen (vgl. Habermas 1992 und 2012), für die sich transzendente Quellen nicht länger allgemeinverbindlich, das heißt weithin geteilt und unhinterfragt ins Feld führen lassen. Habermas reagiert auf die Kontingenzdiagnose mit der Feststellung, dass die Moderne gezwungen sei, »*ihre Normativität aus sich selber*« (Habermas 1988: 16, Herv. i.O.) zu schöpfen, woraus er die philosophische Aufgabe ableitet, die Begründung einer solchen Normativität ohne Rekurs auf metaphysische Ressourcen zu leisten. Die Überlegungen Rortys und Habermas' weisen durchaus ein gewisses radikaldemokratisches Anregungspotenzial auf,[6] mit dem wir uns in einem ersten Schritt beschäftigen werden (2.1). Insbesondere Habermas sieht sich aber rasch mit Einwänden aus der Perspektive radikalerer Lesarten der Kontingenzdiagnose konfrontiert. Der Reflexion dieser radikaleren Kontingenzdiagnosen dient der zweite Abschnitt (2.2). In einem dritten Schritt wird es schließlich darum gehen, die Implikationen dieser Diagnosen radikaler Kontingenz für die Demokratietheorie im Allgemeinen und die radikale Demokratietheorie im Besonderen zu reflektieren (2.3).

Insgesamt wird es dabei vor allem wichtig sein, einerseits herauszustellen, dass aus radikaldemokratischer Sicht die Grundlosigkeit von sozialen und politischen Ordnungen deren Gestaltungsoffenheit ermöglicht. Gleichzeitig spielen für die konkreten Konturen politisch-sozialer Ordnungen historische Entwicklungspfade eine mitunter durchaus sehr wichtige und einflussreiche Rolle, so dass deren Gestalt keineswegs beliebig ist. Dennoch legen gewordene Strukturen der zukünftigen demokratischen Umgestaltung von Gesellschaften keine Fesseln an – hierin liegt die emanzipatorische Perspektive radikaldemokratischen Denkens.

## 2.1 Liberale und deliberative Spielarten kontingenzsensibler Demokratietheorie

Wie bereits erwähnt, ist Kontingenz kein Spezifikum theoretischer Ansätze, die zum Diskurs radikaler Demokratietheorien im engeren Sinne gehören. Zudem lässt sich dieser Diskurs nur schwer eingrenzen[7], und es scheint mir jedenfalls nicht sinnvoll zu sein, so etwas wie eine Liste radikaldemokratischer Autor*innen aufzustellen. Stattdessen ist es meines Erachtens produktiver, Themenfelder, Denkfiguren und Motive radikaldemokratischen Denkens herauszuarbeiten – dementsprechend ist diese Einführung strukturiert. Kontingenz ist nun fraglos eine wichtige Denkfigur radikaldemokratischer Ansätze. Aber welche Positionierung zur Kontingenzdiagnose lässt sich aus welchen Gründen als Beitrag zum radikaldemokratischen Denken verstehen und welche eher nicht? Der vorliegende Abschnitt wendet sich mit Richard Rorty und Jürgen Habermas zwei Autoren zu, die üblicherweise nicht als radikaldemokratische Autoren verstanden werden, in deren Denken aber die Beschäftigung mit Kontingenz eine wichtige Rolle einnimmt. Gefragt wird dabei, ob ihr Denken einerseits nicht doch Motive radikaler Demokratietheorie aufweist und ob sich andererseits Punkte identifizieren lassen, an denen deutlich wird, dass es sich bei den von ihnen jeweils entwickelten Überlegungen nicht um radikale Demokratietheorien im starken Sinne handelt.

In Rortys politischer Philosophie übernimmt die Diagnose der Kontingenz eine eminente Rolle. In *Kontingenz, Ironie und Solidarität* (Rorty 1992) widmet er der Ausdeutung unterschiedlicher Dimensionen von Kontingenz drei Kapitel, in denen nacheinander die Kontingenz der Sprache, des Selbst und des Gemeinwesens postuliert wird (vgl. ebd.: Kap. 1–3). Diese drei Dimensionen lassen sich als eine umfassende Theorie der Kontingenz verstehen, an deren Ausgangspunkt Rorty der Möglichkeit einer postmetaphysischen Kultur – für Rorty ein wünschenswertes Ziel (vgl. ebd.: 15) – nachspürt, die die Kontingenz der Welt in allen ihren Facetten zu akzeptieren bereit ist. Kontingenz bleibt demnach nicht auf die politische Welt beschränkt, sondern die Kontingenz der Politik ist eingebettet in eine umfassende Kontingenzdiagnose. Mit der These einer Kontingenz der Sprache verbindet Rorty grundlegende epistemische Überlegungen, die in die Zurückweisung jeglicher Form einer Korrespondenztheorie der Wahrheit münden (vgl. ebd.: Kap. 2). Rorty zufolge ist uns so etwas wie ein wahrer begrifflicher Zugriff auf die Welt, wie sie wirklich oder in Wahrheit verfasst ist, nicht zugänglich. Wissenschaftstheorien, die mit solchen Annahmen operieren, erscheinen ihm deshalb grundlegend verfehlt. Diese Linie seines Denkens weist deutliche Nähen zur Wissenschafts- und Philosophiekritik von einschlägigen radikaldemokratischen Autoren wie Claude Lefort oder Jacques Rancière auf, deren Grundlinien bereits in Kapitel 1 skizziert wurden und auf deren Kontingenzdenken wir sogleich im nächsten Abschnitt eingehen werden (vgl. 2.2). Die politisch-philosophisch einschlägigeren *topoi* der Kontingenz des Selbst und des Gemeinwesens sind vor dem Hintergrund dieser allgemeinen Kontingenztheorie zu situieren, der zufolge wir keinerlei Kenntnisse über so etwas wie eine wahre Welt haben können. Ein kontingentes Selbst ist demzufolge eines, dem keine festen Konturen ein für alle Male auferlegt sind, sondern eines, das sich zu wandeln vermag. In dieser Kontingenz der Identität sieht Rorty nun aber keine Bedrohung der individuellen Identität. Sie eröffnet ihm zufolge vielmehr die Möglichkeit einer kreativen Selbstschöpfung, die er, wodurch er sich klar als Liberaler zu erkennen gibt, für eine private Aktivität hält, an die sich öffentliche Ansprüche nur in einem sehr eingeschränkten Maße adressieren lassen (vgl. Rorty 2000). Auch die öffentliche Sphäre der Gemeinschaft muss Rorty zufolge als kontingent verstanden werden: Gemeinschaften und ihre Sinnordnungen weisen keine tiefere Wahrheit auf, sondern müssen als Gebilde begriffen werden, die Wandlungen unterworfen sind (vgl. Rorty 1992: Kap. 3). Während er aber den privaten Bereich der Selbstschöpfung in liberaler Tradition weitgehend von öffentlichen Einflussnahmen abzuschirmen sucht, hegt er hinsichtlich der Öffentlichkeit der Gemeinschaft die Hoffnung, dass diese eine kontingenzsensible Vorstellung von moralischem Fortschritt zu entwickeln vermag, die sie von fehlgeleiteten Wahrheitsvorstellungen ebenso wie von Praktiken der Grausamkeit befreit. Rorty distanziert sich hierdurch von einer rationalistischen Lesart politischer Philosophie, die der Vernunfttradition der Aufklärung verpflichtet ist, und setzt eher auf die Karte einer Praxis, die auf literarisch narrative Weise politisch wirksam ist, zur Abkehr von Grausamkeit führt und politische Institutionen etabliert, die den Individuen weitgehende Möglichkeiten zu einer wechselseitig gewährten Selbstverwirklichung bieten.

Die Protagonistin einer solchen liberalen Praxis präsentiert Rorty mit der Figur der liberalen Ironikerin, die eine kontingenzsensible, also skeptische Haltung zu letzten Fragen einnimmt und dabei liberale Werte vertritt, wodurch sie für individuelle Rechte und die Abschaffung von Leiden und Grausamkeit eintritt (vgl. ebd.: Kap. 4). Neugestaltungen der politischen Institutionenordnung sind dabei Rorty zufolge gar nicht unbedingt erforderlich, insofern ein liberal-demokratisches Institutionengefüge bereits etabliert ist, das dem Wirken liberaler Ironikerinnen von sich aus entgegenkommt (vgl. Selk 2019: 408). Wie Veith Selk argumentiert, ist diese Lesart Rortys, die in ihm eher einen liberalen Denker erkennt, der die Gegenwart liberaler Rechtsstaaten zu konservieren sucht und dadurch weitere demokratische Neugestaltungen mindestens als überflüssig erachtet, keineswegs die einzige plausible Perspektive auf dessen Denken. Dieses halte vielmehr auch eine radikaldemokratische Dimension bereit, da sich Rorty auch als Befürworter einer demokratischen Offenheit verstehen lasse, die zukünftigen Neugestaltungen Raum bietet (vgl. Selk 2019: 409).[8] Es soll hier kein abschließendes Urteil über Rorty gefällt werden. Entscheidender für die Konturen radikaldemokratischen Denkens ist eher, wie die beiden konkurrierenden Lesarten Rortys aus radikaldemokratischer Sicht zu beurteilen sind: Eine liberale Position, die mit einer mehr oder weniger strengen Unterscheidung zwischen Privatem und Öffentlichem operiert und die die Institutionen liberaler Demokratie als bereits adäquate Ordnung versteht, um zwischen privaten und öffentlichen Ansprüchen zu vermitteln, würde sich aus radikaldemokratischer Sicht wohl zu sehr auf eine bestimmte politische Institutionenordnung festlegen. Zudem würde sich eine solche Sichtweise dem Verdacht aussetzen, dass sie trotz aller Behauptungen der Kontingenz von Selbst und Gemeinschaft dennoch an einer de facto recht essenzialistisch erscheinenden Unterscheidung zwischen Privatem und Öffentlichem festhält. Die liberale Unterscheidung zwischen Privatem und Öffentlichem ermöglicht aber, wenn man sie einer kritischen Befragung unterzieht, gerade keine feste Abgrenzung eines Raumes, der politisch gestaltbar ist, und eines anderen Raumes, der davon auszunehmen ist. Vielmehr ist die Unterscheidung zwischen Privatem und Öffentlichem selbst Gegenstand politischer Auseinandersetzungen, weswegen sie sich historisch wandelt und auch von politischen Machtkonstellationen abhängig ist, wie Raymond Geuss in seiner Genealogie der Privatheit darlegt (vgl. Geuss 2002). Wie wir später noch sehen werden, sind zudem auch liberale Subjektpositionen selbst Ergebnisse bestimmter diskursiver Machtkonstellationen und deshalb keineswegs als fixer normativer Bezugspunkt politischer Gestaltungspraktiken geeignet (vgl. Kap. 5). Rorty tendiert aber in seinen Schriften trotz aller Bekenntnisse zur Kontingenz der Welt zu einer Fixierung solcher liberaler Bezugspunkte. Das zeigt sich etwa in seiner Vermittlung zwischen dem dekonstruktiven Philosophieren Derridas und dem auf die Begründung normativer Verfahrensregeln konzentrierten Denken Habermas' (dem wir uns gleich zuwenden werden). Während Derridas Dekonstruktion, wie Rorty darlegt, für Habermas unverantwortliche Implikationen hat, weil sie Habermas zufolge die Möglichkeit der Begründung von Normativität grundsätzlich infrage stellt, besteht aus Rortys Sicht insofern kein Gegensatz zwischen beiden Positionen, als er Derridas Philosophieren als Beitrag zur privaten Selbstschöpfung versteht, während Habermas nach Rortys Überzeugung eine Philosophie für öffentliche Belange vorlege (vgl. Rorty 2000: 449/450). Wenn also die zweite Lesart eine radikaldemokratische Praxis der Öffnung ernsthaft in Aussicht stellen soll, dann müssten auch die liberalen Grundüberzeugungen und -unterscheidungen wie die einer strikten institutionellen und begrifflichen Unterscheidung zwischen dem Privaten und dem Öffentlichen, für die sich Rorty vielfach sehr emphatisch ausspricht, in die Bewegung der Öffnung einbezogen werden können.

Jürgen Habermas hat hinsichtlich des Umfangs und der Wirkung eines der bedeutendsten philosophischen Werke des 20. Jahrhunderts und der Gegenwart vorgelegt, so dass es von vornherein nicht in Betracht kommt, sein politisches Denken insgesamt an dieser Stelle eingehend zu prüfen. Die Auseinandersetzung mit Habermas innerhalb dieses Abschnitts wird sich auf einige sehr konkrete Fragen beschränken, die einerseits dabei helfen können, seinen möglichen Beitrag zum radikaldemokratischen Denken zu ermessen (vgl. Nonhoff 2019), und die es andererseits ermöglichen, die Konturen radikaler Demokratietheorie etwas genauer auszuleuchten.

Habermas' politisches Denken teilt bereits auf den ersten Blick einige Dimensionen, die in den bisherigen Ausführungen als wesentliche Elemente radikaldemokratischen Denkens angeführt wurden. Er situiert seine politische Philosophie gesellschaftstheoretisch, wie die Bezugnahmen auf seine *Theorie des kommunikativen Handelns* (Habermas 1995) in seinem politiktheoretischen Hauptwerk *Faktizität und Geltung* zeigen (vgl. Habermas 1994: Kap. I); er versteht sein Philosophieren als Beitrag zu einem postmetaphysischen Denken, das auf essenzialistische oder substanzialistische Aussagen über die Welt im Allgemeinen und über politische, soziale und moralische Fragen im Besonderen verzichtet (vgl. Habermas 1988); an die Stelle metaphysischer philosophischer Großsysteme setzt er keinen positivistischen Szientismus, sondern unterzieht diesen von Beginn an einer nachdrücklichen Kritik (vgl. Habermas 1969); und schließlich rückt er eine Demokratietheorie in das Zentrum seines politischen Denkens, die eine umfassende demokratische Gestaltung unserer Gesellschaftsordnungen ermöglichen soll und von der er, wie auch Martin Nonhoff unterstreicht (vgl. Nonhoff 2019: 296), selbst festhält, dass sie einen radikaldemokratischen Sinn habe (vgl. Habermas 1994: 13). Das ist aber, wie so oft, nur die eine Seite der Medaille. Gleichzeitig finden sich in seinen Arbeiten deutliche Abgrenzungen, ja teils Polemiken gegenüber Autor*innen und Denkfiguren, die für viele Positionen des Diskurses radikaler Demokratie wichtige Referenzen darstellen. Verwiesen sei hier nur auf seinen in Buchform veröffentlichten Vorlesungszyklus *Der philosophische Diskurs der Moderne*, in dem er mit der Dekonstruktion Derridas gleichsam abrechnet und sie, wie weiter oben schon in der Auseinandersetzung mit Rorty sichtbar wurde, mit dem Vorwurf der Unverantwortlichkeit konfrontiert (vgl. Habermas 1988: Kap. VII), ja in ihr, wie Rorty notiert, »eine Bedrohung der demokratischen Gesellschaft« (Rorty 2000: 450) sieht. Ähnlich frostig fallen denn auch die Bezugnahmen radikaldemokratischer Autor*innen auf Habermas aus, die ihn üblicherweise einer eingehenden Kritik unterziehen (vgl. Rancière 2002: 105 ff.; Mouffe 2008: 85 ff.).

Ein wichtiger Grund für diese Doppelgesichtigkeit der Habermas'schen politischen Philosophie gegenüber dem Diskurs der radikalen Demokratie liegt in einer anderen Reaktion auf die Kontingenzdiagnose, als wir sie bei Autor*innen wie Lefort, Derrida, Rancière, Laclau, Mouffe oder Butler finden: Diese übersehen zwar keineswegs das Verunsicherungspotenzial der Kontingenz, begrüßen sie aber als Möglichkeitsraum für emanzipatorische politische Kämpfe und sind vor allem der Auffassung, dass sie sich nicht begründungstheoretisch einhegen lässt, ohne dass dabei das demokratische Gestaltungspotenzial geopfert wird. Für Habermas ist Kontingenz in einem viel größeren Maß Chance und Bedrohung zugleich. Einfach zu akzeptieren, dass sie normativen Begründungsaspirationen ein Ende setzt, würde aus seiner Sicht bedeuten, ihrem Bedrohungspotenzial unnötigen, ja gefährlichen Raum zu bieten. Habermas' Reaktion auf die Wahrnehmung von Kontingenz besteht deshalb im Versuch, die aufklärerischen Ideen von Fortschritt und Vernunft in die Kontextbedingungen postmetaphysischen Denkens hinüberzuretten. Für ihn bietet Kontingenz nur dann ein emanzipatorisches Gestaltungspotenzial, wenn es gelingt, einige normative Orientierungspunkte zu rechtfertigen. Habermas steht dabei klar vor Augen, dass der Rückweg zu einem substanziellen Verständnis von Vernunft, aus dem sich normative Sätze einfach ableiten lassen, unwiederbringlich verstellt ist. Man kann sich, wie er in jüngeren Aufsätzen darlegt, von solchen inhaltlichen Ableitungsversuchen, wie sie etwa auch in den Lehrsätzen religiöser Glaubensformen vorliegen (vgl. Habermas 2012), zwar inhaltlich inspirieren lassen, aber sie bedürfen einer anderen Begründung. Diese sieht er in der Form diskursiver Verfahren, in denen sich Vernunft als kommunikative Vernunft des Austauschs von Gründen und Argumenten wiederherstellen lässt, ohne dass sie dafür, so seine Überzeugung, eine substanzielle Form annehmen muss. Der Darlegung eines solchen Verfahrensprinzips dient seine Schrift *Faktizität und Geltung*, in der er mit dem Konzept deliberativer Politik einen normativ gehaltvollen, aber nicht substanzialistischen Verfahrensbegriff der Demokratie auszuarbeiten sucht (vgl. Habermas 1994: Kap. VII.).

Habermas' Reaktion auf die epistemische ebenso wie die soziale und politische Wahrnehmung von Kontingenz besteht also in einem Rettungsversuch normativer Rationalität, als deren Ort er nicht wie etwa die für seine Philosophie gleichwohl sehr wichtige Aufklärungsphilosophie Kants innere Reflexionsprozesse intelligibler Wesen ausmacht, sondern den er in einem öffentlichen Vernunftgebrauch des Gründegebens und Gründenehmens identifiziert (vgl. Habermas 1994: Kap. I). Was dafür aber wichtig, ja unabdingbar ist, ist, dass sich die Verfahrensregeln als solche normativ begründen lassen: Sie dürfen gerade nicht mehr der Kontingenz einer offenen Zukunft ausgesetzt werden, weil ja sie es sind, die zugleich eine ergebnisoffene Diskussion ermöglichen und diese auf den Bahnen demokratischer Rechtsstaatlichkeit halten sollen.

Die Aufgabe der Philosophie liegt Habermas zufolge deshalb darin, Normativitätsbegründungen zu formulieren, die demokratische Verfahren so anleiten können, dass einerseits dem Umstand einer Kontingenz der Moderne Rechnung getragen wird, indem demokratische Entscheidungen über Normen und Prinzipien in den Verfahren erfolgen und diesen nicht vorgeordnet werden, während andererseits die Verfahren selbst eine normativ gehaltvolle Struktur aufweisen sollen, die ihrerseits nicht infrage gestellt werden kann, damit die Entscheidungsprozesse nicht völlig unbestimmt bleiben. Habermas' politische Philosophie lässt sich dabei durchaus als eine Variante radikaler Demokratie deuten (vgl. Nonhoff 2019). Vertreter*innen einer radikalen Demokratietheorie, die die normativen Implikationen der Kontingenzdiagnose demokratietheoretisch emphatischer herausstellen, wenden aber, wie es etwa bei James Tully der Fall ist, gegen Habermas' Vorschlag ein, dass auch die Verfahren der Normbegründung selbst kritisch hinterfragt werden können müssen (vgl. Tully 2009c: 96); sie monieren weiterhin, wie Jacques Derrida es tut (vgl. Derrida 2003b: 15 ff.), dass die Fixierung auf rationale Argumente zu einer illegitimen Einschränkung des Fragens und Infragestellens führt; sie kritisieren die Konsensfixierung von Habermas' Demokratietheorie und vermissen eine angemessene Rolle von Konflikten und Dissens, wie dies beispielsweise in den Arbeiten Chantal Mouffes der Fall ist (vgl. Mouffe 2008, Kap. 4), oder sie heben, wie Jacques Rancière (vgl. Rancière 2002: 55 ff.), hervor, dass in einem solchen Modell die ungleichen Positionen von Sprecher*innen und ihr Kampf um die Sprache sowie die Bühne, auf der gesprochen wird, ausgeblendet werden. Hier deutet sich, wenn man das so scheinbar redundant formulieren möchte, eine radikalere Lesart radikaler Demokratie an, für die die demokratietheoretische Konsequenz aus der Diagnose der Kontingenz darin zu liegen scheint, dass sich Demokratie auf eine grundsätzliche Offenheit einlassen muss. Damit wäre denn auch der Punkt markiert, an dem einerseits die Grenzen eines möglichen Habermas'schen Beitrags zum Diskurs radikaler Demokratie sichtbar werden, und andererseits hervortritt, wovon sich radikaldemokratisches Denken nicht so einfach lossagen kann. Die Frage der Offenheit ist es, die hier eminente Bedeutung erlangt: Während Habermas sie zugunsten wohlbegründeter Verfahrensregeln nicht nur zu suspendieren bereit ist, sondern im Grunde überzeugt zu sein scheint, dass ohne diese Einschränkungen Gefahr für die Demokratie im Verzug ist, würde damit für radikalere Lesarten radikaler Demokratie das Kind mit dem Bade ausgeschüttet werden. Denn eine Demokratie, der verfahrensmäßige Zwänge auferlegt würden, die nicht mehr befragbar wären, wäre wohl keine mehr. Dass die Offenheit mit Gefahren einhergeht, muss dabei nicht geleugnet werden. Demokratie bleibt, wie wir oben mit Lefort formuliert haben, ein Abenteuer, und Abenteuer können scheitern.[9] Aber, so würde ein radikaldemokratischer Einwand gegen Habermas lauten, wenn man sich gar nicht erst auf das Abenteuer einlässt, ist man von vornherein gescheitert.

## 2.2 Was heißt radikale Kontingenz?

Die zugleich epistemische und politiktheoretische Überlegung, von der radikale Lesarten der Kontingenzdiagnose ihren Ausgang nehmen, wird vielleicht nirgendwo so deutlich auf den Punkt gebracht wie in einer Formulierung Jacques Rancières in seiner Studie *Das Unvernehmen*:

»Die Grundlegung der Politik ist tatsächlich um nichts mehr Konvention als Natur: sie ist die Abwesenheit eines Grundes [*fondement*], die reine Kontingenz aller gesellschaftlichen Ordnung. Es gibt Politik einfach deshalb, weil keine gesellschaftliche Ordnung in der Natur gegründet ist, kein göttliches Gesetz die menschlichen Gesellschaften beherrscht.« (2002: 28)

Politik ist grundlos oder sie ist nicht. Es kann sie als Gestaltung von Welt nur geben, weil deren Gestalt nicht vorab schon festgelegt ist. Politik hat also, wie sich der im französischen Original verwendete Begriff des *fondement* auch übersetzen ließe, kein Fundament. Eine politische Theorie, die davon ausgeht, argumentiert, wie Oliver Marchart in seiner Studie *Die politische Differenz* (Marchart 2010) darlegt, postfundamentalistisch. Mit der Grundlosigkeit oder dem Fehlen eines Fundaments ist dabei nicht gemeint, dass sich politische Ordnungen auf nichts zurückführen lassen. Sie sind, wie schon in Kapitel 1 ausgeführt wurde, Ergebnis politischer Entwicklungen, die häufig auf Auseinandersetzungen und Konflikte zurückgehen. Insofern haben sie ihren Grund in einer bestimmten historischen Entwicklung und in einer bestimmten politisch-sozialen Konstellation, die bestimmte Machtverhältnisse widerspiegelt. Grundlos und ohne Fundament ist Politik aber in dem Sinne, dass sie keinen festen, gleichsam überhistorischen Grund besitzt, aus dem sich ihre Konturen ableiten ließen, wie es Vorstellungen einer theologisch zu ergründenden Weltordnung ebenso nahelegen wie politisch-anthropologische Thesen zur Natur des Menschen. Sehen wir uns diese Kontingenzdiagnose noch etwas genauer an und betrachten sie im Lichte der Überlegungen zu einer grundlegenden politischen Weltgestaltung (Rancière) bzw. einer politischen Instituierung von Gesellschaft (Lefort), die wir in Kapitel 1 bereits kennengelernt haben.

Die Kontingenzdiagnose markiert zugleich das Erfordernis und die Möglichkeit, Gesellschaftsordnungen politisch zu gestalten. Das Erfordernis einer politischen Gestaltung ist seit den überlieferten Anfängen politischen Philosophierens in der griechischen Antike bekannt. Schon Aristoteles hat herausgestellt, dass Menschen Wesen sind, die keine natürliche Ordnung des Zusammenlebens haben, sondern sich eine solche im Unterschied etwa zu Bienen, die in einer vorgegebenen Organisationsform leben, erst geben und sich im Zuge dessen über sie – sprachlich und argumentativ (vgl. Aristoteles 1995: 1253a) – austauschen müssen. Sie können dies auf unterschiedliche Weisen tun und sie können daran scheitern. Deshalb widmet Aristoteles dem Vergleich, aber auch dem Verfall von Verfassungen eine so große Aufmerksamkeit: Er studiert unterschiedliche politische Ordnungen (vgl. Aristoteles 1995: Bücher 2–7) und versucht, normative Kriterien zur Beurteilung ihrer Qualität zu entwickeln (vgl. ebd.: Bücher 3–8). Aristoteles gibt damit zwar im Unterschied zu Platon, dem zufolge es nur eine richtige und wahre politische Ordnung geben kann (vgl. Platon 1991), der Vielfalt einen gewissen Raum, er ist aber weit davon entfernt, ein Theoretiker radikaler Kontingenz oder gar radikaler Demokratie zu sein. Seine politische Philosophie ist auf Zweckentfaltung angelegt: Gibt sie auch keinen einzigen Weg zur Verwirklichung dieses Zwecks vor, so ist sie doch überzeugt, dass es ein Wesen des Menschen gebe und dass sich ein *telos*, ein Zweck benennen lasse, auf dessen Verwirklichung hin dieses Wesen angelegt ist (vgl. Aristoteles 1995: Buch 1) – auch wenn es ihn verfehlen kann. Vor allem aber operiert Aristoteles mit aus seiner Sicht naturgegebenen festen und äußerst diskriminierenden Unterscheidungen, aus denen er Herrschaftsverhältnisse ableitet. Die bekanntesten unter ihnen, die auch Rancière kritisch in den Blick nimmt, dürften wohl die zwischen Freien und Sklaven und Männern und

Frauen sein (vgl. ebd.: Buch 1). Zudem ist Aristoteles gegenüber der Umgestaltung bestehender gesellschaftlicher Ordnungen sehr zurückhaltend. Einer der konzeptionellen Hauptunterschiede zwischen Platons Idee einer idealen Herrschaftsform und Aristoteles' politischer Philosophie liegt darin, dass Aristoteles die jeweiligen Kontextbedingungen für etwas hält, woran sich politische Ordnungen orientieren müssen, statt zu beabsichtigen, sie radikal umzugestalten, woraus ein konzeptioneller Konservatismus folgt.

Radikale Demokratietheorien radikalisieren deshalb das Erfordernis einer Gestaltung gesellschaftlicher Ordnungen und eröffnen damit der Möglichkeit einer demokratischen Weltgestaltung überhaupt erst den Raum. Demokratisch können die Gestaltungen gesellschaftlicher Ordnungen nämlich vor allem deshalb sein, weil es keine festen – natürlichen, religiösen, wissenschaftlichen oder sonstigen – Vorgaben gibt, vor allem auch keine, die substanzielle Unterscheidungen welcher Art auch immer zwischen Menschen machen. Hier wird der radikale Sinn von Demokratie greifbar, wie er etwa in der politischen Philosophie Rancières zum Ausdruck gebracht wird: Demokratische Politik ist der Name des Streits darüber, wie wir unsere Welt einrichten, und er wird geführt im Namen derjenigen, die innerhalb einer bestehenden Ordnung keinen oder einen nur sehr abseitigen, untergeordneten Platz zugewiesen bekommen haben, von dem aus ihre Stimmen nicht zu Gehör gebracht oder allenfalls als Lärm wahrgenommen werden (vgl. Rancière 2002: 41 und 108). Auch die Rolle der Kontingenz wird damit greifbar: Dieser Streit kann als ergebnisoffene, weltumgestaltende Auseinandersetzung deshalb geführt werden, weil gesellschaftliche Ordnungen und die Positionen, die sie zuweisen, gerade kein festes Fundament haben.

Der Streit um die Einrichtung gesellschaftlicher Ordnung wird aus radikaldemokratischer Sicht, das haben wir schon beobachten können und es wird uns im Fortgang der Darstellung noch weiter beschäftigen, deshalb erforderlich, weil diese Ordnungen Herrschafts- und Machtstrukturen darstellen, die komplexe Unterdrückungs- und Ausschließungsmechanismen aufweisen. Ein zentrales radikaldemokratisches Argument, das sich aus der Kontingenzdiagnose gewinnen lässt, besteht darin, dass es nicht irgendein Gott oder eine vermeintliche wissenschaftliche Wahrheit ist, die diskriminierende Unterscheidungen zwischen Menschen in Form von Geschlechter-, Rassen-, Kultur- oder Klassenunterschieden begründen, sondern dass solche hierarchisierenden Unterscheidungen das Ergebnis von Herrschafts- und Machtverhältnissen innerhalb historischer Prozesse sind, weshalb sie infrage gestellt und umgestaltet werden können.

Die Errichtung einer wahren Ordnung oder eine endgültige Auflösung von Herrschaftsverhältnissen sind dabei, auch das wurde schon erwähnt, nicht erreichbar – nicht in Form von Platons Philosoph*innenherrschaft und auch nicht in Marx' klassenloser Gesellschaft. Damit bleibt einzig die Option einer fortlaufenden Auseinandersetzung darüber, wie wir gesellschaftliche Ordnungen anders einrichten können, als sie derzeit beschaffen sind. Radikale Demokratie ist in gewisser Weise der Name für die Möglichkeit dieses fortwährenden Streits. Chantal Mouffe gibt diesen Überlegungen in der Einleitung ihres Buches *Agonistik* eine griffige Formulierung:

> »Die Gesellschaft ist von Kontingenz durchdrungen, und jede Ordnung ist hegemonialer Natur, das heißt, sie ist Ausdruck von Machtverhältnissen. Für den Bereich der Politik bedeutet das, dass wir die Suche nach einem Konsens ohne Exklusion einstellen und die Hoffnung auf eine ganz mit sich versöhnte und harmonische Gesellschaft fahrenlassen müssen.« (2014: 11)

Wir werden uns später mit Mouffes Konfliktdenken und im Zusammenhang damit mit der Hegemonietheorie, die sie gemeinsam mit Ernesto Laclau entwickelt hat, auseinandersetzen (vgl. Kap. 4). Was es aber nun zunächst zu bedenken gilt, ist, welcher Geltungsanspruch sich überhaupt mit der Kontingenzdiagnose verbindet und welche Konsequenzen für die Konturen radikaler Demokratietheorie daraus folgen. Die demokratietheoretischen Konsequenzen werden Gegenstand des kommenden Abschnitts sein (vgl. 2.3), betrachten wir daher zunächst den Geltungsanspruch.

Es war bislang viel von der Grundlosigkeit gesellschaftlicher Ordnung und der postessenzialistischen Gestalt zentraler Kategorien die Rede. Wie aber, so steht zu fragen, kann so eine Diagnose überhaupt formuliert werden, wenn doch gerade behauptet wird, dass es erforderlich ist, an allem, was besteht, und an allem, was wir darüber sagen können, zu zweifeln, weil sich keine festen Wahrheiten erkennen lassen? Bildet die Kontingenzdiagnose selbst eine Ausnahme? Wird sie nicht mehr bezweifelt? Und führt das nicht unweigerlich in Widersprüche?

In den oben wiedergegebenen Überlegungen Mouffes scheint jedenfalls viel Gewissheit vorzuherrschen – über die Kontingenz von Gesellschaft selbst, über ihren hegemonialen Charakter oder auch über die Unmöglichkeit, eine harmonisch-versöhnte Lösung finden zu können. Auch in der Formulierung Rancières, die am Anfang dieses Abschnitts zitiert wurde, klang die Aussage über die »reine Kontingenz aller gesellschaftlichen Ordnung« (Rancière 2002: 28) nicht gerade so, als wäre ihr Verfasser von Zweifeln über diese Diagnose geplagt.

Eine weitreichende These über den Status der Kontingenzdiagnose hat Oliver Marchart im Rahmen seines Entwurfs eines postfundamentalistischen Denkens des Politischen entwickelt. Radikale Demokratie ist zwar nicht das zentrale Thema seiner

Studie *Die politische Differenz* (Marchart 2010), die sich einer Erkundung des Denkens des Politischen bei Nancy, Lefort, Badiou, Laclau und Agamben widmet, um dann eine sehr stark an Laclau und Mouffe angelehnte postfundamentalistische Theorie des Politischen zu formulieren, aber radikale Demokratie schwingt zumindest implizit immer mit und bildet vielleicht sogar so etwas wie den Fluchtpunkt von Marcharts Überlegungen (vgl. ebd.: Kap. 11). Es ist hier aber nicht der Ort, Marcharts Argumentation *en detail* zu reflektieren.[10] Der Fokus soll stattdessen auf seine Positionierung zur Kontingenzdiagnose gerichtet werden, da er das oben angesprochene Problem, wie der Status der Kontingenzdiagnose zu verstehen ist, ob sie also selbst noch einmal infrage gestellt werden kann oder vom skeptischen Zweifel ausgenommen wird, direkt aufnimmt.

Marchart grenzt seine postfundamentalistische Position zunächst von zwei Gegenpositionen ab, dem Fundamentalismus und dem Antifundamentalismus. Mit dem Begriff Fundamentalismus überträgt er den englischen Begriff *foundationalism* ins Deutsche, der in seinem Herkunftskontext nicht sofort weitgehend irreführende Assoziationen zu religiösen oder sonstigen Fundamentalismen auslöst. Fundamentalismus im Sinne von *foundationalism* benennt vielmehr Positionen, die bestehende Ordnungen auf festen Gründen aufruhen lassen, von denen sich ihre Gestalt ableiten lässt, die also »von fundamentalen, d.h. revisionsfesten Prinzipien, Gesetzen oder objektiven Realitäten ausgehen, die jedem sozialen oder politischen Zugriff entzogen sind« (ebd.: 15, s. a. auch 59f.). Marchart denkt hier an theoretische Positionen wie den Marxismus, der feste historische Gesetze in Anschlag bringt, ebenso wie an neoliberale Doktrinen, die die Notwendigkeit von Märkten postulieren (vgl. ebd.: 15). Während es indes auf der Hand liegt, dass ein postfundamentalistisches, von einer Kontingenzdiagnose ausgehendes Denken sich von einer fundamentalistischen Herangehensweise unterscheidet, ist die Differenz zu antifundamentalistischen Ansätzen feinteiliger, aber ebenfalls entscheidend. Postfundamentalistische Positionen zeichnen sich Marchart zufolge und auch ganz im Sinne der bisherigen Darlegungen dadurch aus, dass sie Fundierungs- und Letztbegründungsfiguren unablässig infrage stellen (vgl. Marchart 2010: 16). Antifundamentalistische Positionen wären hingegen Ansätze, die jegliche Formen von Gründen zurückweisen, dabei aber, so rekonstruiert Marchart den fundamentalistischen Einwand gegen antifundamentalistische Ansätze, selbst fundamentalistisch argumentieren müssten, indem sie das Antifundament zum festen und nicht mehr infrage zu stellenden Bezugspunkt erklären müssten (vgl. Marchart 2010: 60/61). Zwar hält Marchart den Antifundamentalismus eher für eine zerrbildartige Konstruktion durch fundamentalistische Positionen, aber die Frage bleibt dennoch virulent, worin eine Gegenposition zum Fundamentalismus bestehen könnte, die dem Einwand gegen den Antifundamentalismus entgehen *und* eine wirksame Kritik des Fundamentalismus ermöglichen würde. Zur Debatte steht für Marchart damit, wie eine Position beschaffen sein könnte, die die Existenz pluraler Gründe anerkennt, die also anerkennt, dass soziale Ordnungen nicht beliebig sind, sondern auf bestimmte historische Entwicklungspfade und die Machtverhältnisse zurückzuführen sind, welche ihren Verlauf prägen, die aber gleichzeitig vehement bestreitet, dass es einen letzten Grund für die Gestalt einer gesellschaftlichen Ordnung geben kann. Marchart schlägt nun – unter Rekurs auf Laclau und unter Bezugnahme auf Heidegger – vor, die These von der Unmöglichkeit letzter Gründe auf einer anderen Ebene als die Annahme einer Pluralität von Gründen anzusiedeln (vgl. Marchart 2010: 64). Bei der Behauptung einer Unmöglichkeit letzter Gründe handelt es sich nach seiner Überzeugung um eine »quasi-transzendentale

Unmöglichkeit« (Marchart 2010: 65). Marchart gibt damit der Kontingenzdiagnose eine Fassung, die sie in Analogie zu Heideggers ontologischer Differenz zwischen einzelnen Seienden und dem Sein selbst auf einer anderen ontologischen Ebene als die pluralen Gründe ansiedelt. Er skizziert zu diesem Zweck eine Alternative, wobei er sich der zweiten der beiden Optionen anschließt:

> »Somit stehen uns nur zwei Wege offen: Entweder wir geben unsere Ausgangsthese auf und kehren zu einer fundamentalistischen Position zurück, oder wir akzeptieren die Konsequenzen unserer Ausgangsthese, wagen den letzten Schritt und akzeptieren, dass die Unmöglichkeit einer letzten Gründung alle Gründe kennzeichnet, womit der ontologische Status dieser Unmöglichkeit stärker sein muss als der Status jedes einzelnen pluralen Grundes.« (Marchart 2010: 67)

Die Kontingenzdiagnose hätte damit eine denkbar starke Fassung bekommen. Was Marchart im Grunde vorschwebt, ist eine allgemeine (politische) Theorie der Kontingenz, die es ermöglicht, die Möglichkeit letzter Gründe generell in Zweifel zu ziehen. Die Kontingenzannahme würde damit zur Quasi-Transzendentalie, zu einer ermöglichenden Bedingung, die sich selbst nicht mehr infrage stellen ließe, da sie die Voraussetzung dafür wäre, letzte Gründe generell zurückweisen zu können. Neben der Frage, ob sich eine politische Theorie radikaler Demokratie, also eine politische Theorie, die die grundlegende Gestaltbarkeit gesellschaftlicher Ordnungen postuliert, einen Gefallen tut, wenn sie die Kontingenzannahme mit einem derart starken philosophischen Anspruch auflädt, stellt sich zudem die Frage, ob eine solche allgemeine Fassung der Kontingenzdiagnose überhaupt erforderlich ist. Die Frage kann an dieser Stelle nicht abschließend diskutiert werden, wobei ich selbst dazu tendiere, eine schwächere, aber nach meinem Eindruck für das Ziel radikaldemokratischer Infragestellungen nicht minder wirksame Lesart der Kontingenzdiagnose zu bevorzugen (vgl. Flügel-Martinsen 2017a: Teil 3). Aber es kann zumindest noch etwas darüber nachgedacht werden, wie skeptisch-subversive Infragestellungen gegebener Verhältnisse erfolgen können, *ohne* dass dafür auf eine postfundamentalistische politische Ontologie zurückgegriffen werden muss, die die Position einer *prima philosophia*, einer ersten Philosophie, einnehmen soll, wie es Marchart vorzuschweben scheint (vgl. Marchart 2010: Kap. 9).

Philosophisch scheinen mir hier zwei Positionen sehr bedenkenswert zu sein, die beide ohne allgemeine oder quasi-transzendentale Annahmen auszukommen suchen. Es handelt sich dabei zum einen um Derridas Dekonstruktion, die ohne die Annahme von ermöglichenden Bedingungen an der kritischen Befragung von Begriffen und Begründungen – gerade solchen, die mit absoluten Geltungsansprüchen auftreten – festhält. Zum anderen ist an Foucault zu denken, dessen Praxis der genealogischen Kritik sich vielleicht als ein spezifischer im Unterschied zu einem allgemeinen Skeptizismus verstehen lässt. Beide Positionen sollen nun kurz betrachtet werden.

Eine doppelte Bewegung bei Foucault ist hier aufschlussreich: Dieser zweifelt, wie Paul Veyne unterstreicht, an allgemeinen, an zu generellen Wahrheiten (vgl. Veyne 2008: 64). Aber er tut dies, wie man hinzufügen muss, gerade nicht, indem er selbst eine allgemeine Theorie der Skepsis entwickelt, sondern indem er in vielen Teilstudien jeweils aufs Neue eine Nadelstichpraktik der unablässigen Befragungen und Infragestellungen zur Anwendung bringt. Das Mittel dieser Befragungen besteht in einer genealogischen Erkundung unterschiedlicher Bereiche, für die Foucault keine allgemeine Theorie, sozusagen kein Propädeutikum der genealogischen Kritik entwickelt, sondern die er zur Anwendung bringt, indem er die scheinbare Stabilität zentraler Annahmen durch Wühl- und Ausgrabungsarbeiten brüchig erscheinen lässt. Eine solche Praxis stellt die Genealogie im Anschluss an Nietzsche dar. Dabei unterstreicht Foucault gerade den Verzicht auf allgemeine Annahmen und betont das Erfordernis spezifischer Befragungspraktiken (vgl. Foucault 2002 und 2003: 15–28). In seinem Aufklärungsaufsatz (vgl. Foucault 2005) entwirft er in diesem Sinne einen Kritikbegriff, der auf unablässige Befragungen zielt und mit dem er nicht die Absicht verfolgt, universelle Strukturen des Erkenntnisvermögens herauszuarbeiten, sondern der jeweils aufs Neue unsere historisch kontingente Gewordenheit aufzeigt, indem er die Diskursformationen analysiert, in die wir jeweils eingelassen sind (vgl. ebd.: 1393). Worum es diesem kritisch-genealogischen Skeptizismus Foucaults geht, ist daher eine historische Analyse von Politiken der Wahrheit (vgl. Foucault 2003: 25), die sich nicht ihrerseits selbst als eine feste Wahrheit (miss-)versteht, sondern die den Wandel mithilfe eines Diskursbegriffs nachzeichnet, der die Dimensionen von Kampf und Auseinandersetzung hervorhebt, ohne diese seinerseits zu essenzialisieren (vgl. ebd.: 11).

Auch wenn Foucault damit auf eine allgemeine Theorie der Kontingenz verzichtet, erweist sich sein spezifischer Skeptizismus gerade als starkes Mittel kritischer Infragestellungen, indem er durch seine beharrlichen, zersetzenden Erkundungsgänge auch vermeintlich objektiv und allgemeingültig auftretende Diskurse sowohl in ihrem Entstehungskontext als auch in ihren Reproduktionsmechanismen als von Machtbeziehungen und -kämpfen durchdrungen herausstellt. Ein eindrückliches Beispiel ist hier der Diskurs der modernen Wissenschaften selbst, dessen konflikthafte Wandlungen Foucault in seiner Antrittsvorlesung am Collège de France als *Ordnung des Diskurses* (Foucault 1991) nachzeichnet.

Derrida versteht die Dekonstruktion in einem ganz ähnlichen Sinn als eine kritische Befragungspraxis, die zwei Denkbahnen folgt (vgl. Derrida 1991: 44): einer genealogischen, die, wie auch schon bei Foucault, in die historischen Tiefenschichten vordringt und dabei nicht Stabilisierung, sondern Bewegung zur Folge hat, wenn etwa die abendländische Tradition des Rationalismus als Phallozentrismus und Logozentrismus (vgl. Derrida 1999: 22) dekonstruiert und die Verknüpfung von männlicher Herrschaft und dem Vorrang sogenannten logischen Denkens ausgewiesen wird. Unterscheidungen wie die zwischen Mann und Frau und korrespondierende Zuordnungen wie die von Rationalität und Irrationalität werden so infrage gestellt. Diese genealogische Denkbahn wird ergänzt durch das dekonstruktive Verfahren des Aufspürens von Aporien und Paradoxien. Entscheidend ist hier Derridas Hinweis, dass sich die Dekonstruktion gerade nicht auf äußere Vorannahmen oder ermöglichende Bedingungen einer dekonstruktiven Kritik bezieht, gerade auch dann nicht, wenn sie ganze Denktraditionen stiftende Begriffe wie den der Vernunft einer dekonstruktiven Lektüre unterzieht (vgl. Derrida 2003a). Sie operiert vielmehr im Inneren dieser Begriffe und spürt deren »selbstdekonstruktiven Tendenzen« (Derrida 2003a: 202) nach. Derrida trägt daher nicht von außen dekonstruktive Annahmen an Begriffe heran, entwickelt also gerade keine allgemeine Theorie der Dekonstruktion, sondern beobachtet vielmehr mit scharfem Blick jene Risse in den nur scheinbar glatten und festen Begriffsoberflächen, die zu ihrer Auto-Dekonstruktion führen. Ein Beispiel, das aus dem Kontext politischen Denkens stammt und mit dem Begriff des Volkes zudem eine Kategorie anspricht, die für radikaldemokratische Diskurse von großer Bedeutung ist, mag dieses skeptische Vorgehen, mit dessen Hilfe die Kontingenz von sogenannten festen Bezugspunkten ausgewiesen werden kann, verdeutlichen. In seiner Lektüre der amerikanischen Unabhängigkeitserklärung von 1776, die Derrida anlässlich des 200. Jahrestages 1976 vornimmt, richtet er sein Augenmerk auf das Volk, in dessen Namen diese Unabhängigkeitserklärung unterzeichnet wird (vgl. Derrida 2000b). Diese Frage nach dem aus radikaldemokratischer Perspektive stets, ja konstitutiv umstrittenen Volk wird uns später noch als Frage nach dem Subjekt der Demokratie beschäftigen (vgl. Kap. 5), weshalb hier wenige Bemerkungen genügen mögen: In der demokratischen Perspektive der bürgerlichen Revolutionen, für die die Amerikanische neben der Französischen Revolution eines der wesentlichen historischen Fallbeispiele ist (vgl. Arendt 2000), scheint das Volk die einfache Antwort auf die Frage zu sein, von wem legitimerweise die Staatsgewalt ausgehen sollte. Derrida zeigt nun, dass dieser Rekurs auf das Volk unvermeidlich eine paradoxe Form annehmen muss, da das Volk nämlich gerade nicht als fester Bezugspunkt einer republikanischen Legitimationstheorie und -politik vorausgesetzt werden kann: »Aber dieses Volk existiert nicht, nicht vor dieser Erklärung, nicht als solches. Durch jene Unterschrift bringt es sich als freies und unabhängiges Subjekt, als möglicher Unterzeichner zur Welt. Die Unterschrift erfindet den Unterzeichner.« (Derrida 2000b: 13/14) Das Volk ist demnach keine immer schon existierende Entität, sondern eine, die in historisch-politischen Prozessen erst erzeugt wird. Das kann sich, wie in Derridas Beispiel der Unabhängigkeitserklärung, auch paradox zuspitzen, wenn das Volk als Unterzeichner erst durch den Akt des Unterzeichnens konstruiert wird. Jedes erzeugte Volk bleibt aber stets umstritten. Die Kontingenz des Begriffs des Volkes ist nicht nur im Blick zurück, sondern im radikaldemokratischen Verständnis vor allem auch im Blick nach vorn wichtig, ermöglicht sie es doch, einen Deutungskampf darüber zu führen, wer dieses Volk ist – und vergessen wir nicht: 1776 gehörten weder verdrängte und ermordete Indigene noch verschleppte und versklavte Schwarze oder weitgehend auf die Rolle im privaten Haushalt beschränkte Frauen zum hegemonialen Verständnis dieses Volkes. Wir kommen darauf zurück (vgl. Kap. 5).

## 2.3 Welche Implikationen hat radikale Kontingenz für die (radikale) Demokratietheorie?

Die zentrale Bedeutung von Kontingenz für das radikaldemokratische Denken dürfte bereits deutlich geworden sein. In diesem Abschnitt wird es nun noch einmal darum gehen, die Konsequenzen der Kontingenzdiagnose für das Projekt radikaler Demokratie*theorie* zu reflektieren, also danach zu fragen, welche Implikationen Kontingenzannahmen für das *Theorie*verständnis des radikaldemokratischen Diskurses haben. Diese Frage ist keineswegs banal, denn radikaldemokratische Ansätze nehmen vor dem Hintergrund der Kontingenzdiagnose durchaus erhebliche Umarbeitungen am Begriff der Theorie und damit auch am Charakter demokratietheoretischer Überlegungen vor. Theorien radikaler Demokratie sind nämlich stets auch radikale Theorien.

Sowohl normative als auch empirische Demokratietheorien verstehen sich üblicherweise als Versuche, bestimmte Modelle von Demokratie zu bestimmen und ihre Vor- und Nachteile gegeneinander abzuwägen, um dann im besten Fall zu einem begründeten Plädoyer für das eine oder das andere Modell von Demokratie zu gelangen. Während normative Demokratietheorien dabei stärker auf die Begründung und Rechtfertigung normativer Prinzipien konzentriert sind, die die Beurteilung der Qualität demokratischer Verfahren ermöglichen sollen, geben empirische Demokratietheorien eher erfahrungsgesättigten Überlegungen den Vorrang. Beide Spielarten von Demokratietheorie führen zu einer großen Vielfalt unterschiedlicher Ansätze, die ganz verschiedene Modelle von Demokratie bevorzugen können.[11] In der groben Gegenüberstellung beider Spielarten ließe sich sagen, dass normative Demokratietheorien stärker auf die Begründung eines Modells von Demokratie zielen, während es empirischen Demokratietheorien eher um die erfahrungsgeleitete Bestimmung von Demokratieverständnissen geht, die sich in der politischen Wirklichkeit beobachten lassen (vgl. Lembcke/Ritzi/Schaal 2012b: 12, s.a. dies. 2016b). Beide Spielarten greifen dabei aber auf Annahmen zurück, gegen die Theorien radikaler Demokratie teils erhebliche Einwände formulieren, die im Ganzen zu einem völlig anderen Verständnis von Demokratietheorie führen. Zwar haben radikaldemokratische Überlegungen durchaus normativ bedeutsame Folgen, etwa wenn im Lichte der Kontingenzdiagnose ein starkes Plädoyer für eine demokratische Umgestaltung gegenwärtiger politischer Ordnungen geführt wird. Aber wie wir weiter oben in Auseinandersetzung mit Rancière schon sehen konnten, wird dabei einem Verständnis demokratischer Praxis der Vorrang gegeben, die sich gerade nicht durch ein theoretisch begründetes Demokratiemodell einschränken lassen darf. Rancière hat solchen Begründungsbemühungen den Vorwurf gemacht, sie würden darauf zielen, Schluss mit Politik als einem Streit um demokratische Weltgestaltung zu machen (vgl. Rancière 2002: 12). Gegen empirische Demokratietheorien richten sich vor allem wissenschaftsskeptische Überlegungen, wie sie uns in Leforts Kritik von Politikwissenschaft und politischer Soziologie begegnet sind. Er wendet gegen diese ein, dass sich das Politische, eben weil es als Gestaltung einer kontingenten Welt zu verstehen ist, gerade nicht als etwas begreifen lässt, das als zu untersuchendes Objekt beobachtet werden kann (vgl. Lefort 1990b: 283 ff.). Schließlich wenden radikaldemokratische Ansätze ganz generell sowohl gegen normative als auch gegen empirische Demokratietheorien ein, dass Demokratie sich nicht einfach als ein Regierungssystem oder eine Staatsform beschreiben lässt, weil sie, in einer Formulierung Rancières, »immer diesseits oder jenseits der Staatsformen« (Rancière 2011: 87) liegt. Das ist aus radikaldemokratischer Perspektive deshalb der Fall, weil der vielleicht wichtigste Zug radikaldemokratischer Praktiken in der infrage stellenden Kontestation bestehender Staatsformen oder Regierungssysteme besteht.

Der radikaldemokratische Blick auf die üblichen Verständnisse von Demokratietheorie ist demnach von einem zweifachen Zweifel geprägt – erstens einem Zweifel am Sinn und der Möglichkeit der Begründung von Modellen von Demokratie, der sich aus der Überzeugung speist, dass solcherlei Begründungen in Spannung zum nicht einhegbaren Charakter demokratischer Gestaltungsansprüche geraten; und zweitens einem Zweifel an der wissenschaftlichen Erfassbarkeit von Typen oder Modellen von Demokratie, der sich vor allem auch als Zweifel daran zum Ausdruck bringt, dass Demokratie wesentlich oder überhaupt als Regierungssystem oder Staatsform beschrieben werden kann.

Was aber folgt aus diesen Zweifeln für das radikaldemokratische Denken als Demokratie*theorie*? Zunächst ergibt sich ein anderer Begriff von Theorie, der unter Theorie weder die Erfassung noch die Begründung von Modellen oder Typologien mitsamt Erklärungsmodellen oder (normativen ebenso wie eher technischen) Gebrauchsanweisungen versteht. Der Theoriebegriff der radikalen Demokratietheorie ist demgegenüber gleichzeitig bescheidener *und* anspruchsvoller: bescheidener, weil er nicht auf solch umfassende Systematisierungsleistungen zielt, sondern ihnen mit einer stets wachsamen Skepsis gegenübersteht; anspruchsvoller, weil die praxistheoretische Reflexion, die an die Stelle von Systematisierungsansprüchen tritt, eine sehr große theoretische Beweglichkeit voraussetzt. Mit Leforts Bild bleibt

Demokratie aus radikaldemokratischer Sicht ein Abenteuer, das sich nicht theoretisch absichern lässt (vgl. Lefort 1986b: 220).

Der Grundlosigkeit politisch-sozialer Ordnungen korrespondiert so gesehen eine Gestaltungsoffenheit der Demokratie, die für viele radikaldemokratische Ansätze einen ihrer wichtigsten Züge ausmacht. Deshalb hat Jacques Derrida die Offenheit gegenüber einer Zukunft, die sich nicht vorwegnehmen lässt, ins Zentrum seines demokratietheoretischen Denkens gestellt. Demokratie ist aus seiner Sicht immer zu verstehen als eine *démocratie à venir*, als eine kommende und im Kommen bleibende Demokratie (vgl. Derrida 2003a: 123 f., vgl. Flügel-Martinsen 2019). Dieser Verweis auf das Kommende ist, das hat Derrida vielfach unterstrichen (vgl. bspw. Derrida 2003a: 123 f.), kein Aufschub. Demokratie bleibt immer eine dringliche Aufgabe des Hier und Jetzt. Aber die Betonung der Offenheit für die Zukunft unterstreicht, dass uns die Zukunft als ein Ereignis entgegentritt, das sich nicht berechnen oder vorwegnehmen ließe. So paradox es klingen mag: In der Unberechenbarkeit, die auf den ersten Blick der demokratischen Gestaltung im Weg zu stehen scheint, liegt gerade die Möglichkeit der Gestaltung, denn erst sie eröffnet die Perspektive auf etwas Neues, auf eine andere Einrichtung der Welt, die mit ihren bisherigen Gestaltungen und auch mit ihren bisherigen Ausschließungs- und Unterdrückungsmechanismen zu brechen vermag.

In dieser Betonung der Möglichkeit eines Andersseinkönnens und einer Nichtberechenbarkeit treffen sich unterschiedliche radikaldemokratische Ansätze, auch wenn sie nicht unbedingt explizit Bezug aufeinander nehmen und sich in manchen anderen Hinsichten durchaus unterscheiden mögen: Wenn Jean-Luc Nancy etwa die ontologische Gestaltlosigkeit der Demokratie betont (vgl. Nancy 2009: 57), dann korrespondiert eine solche philosophische Überlegung, die kaum auf verfassungstheoretische

Konkretionen bedacht ist, mit der Forderung etwa des konstitutionalistischen Denkens James Tullys, der postuliert, dass aus demokratisch-freiheitlicher Perspektive immer die Möglichkeit zur kritischen Infragestellung gegebener Verfahren bestehen können muss – mögen diese auch auf den ersten Blick normativ noch so gut begründet erscheinen. Tullys politisches Denken zielt dabei übrigens ganz in dem begründungsskeptischen Sinne, der oben umrissen wurde, auf ein Verständnis von politischer Theorie und Demokratietheorie, das nicht davon ausgeht, »dass es letztgültige Praktiken des freien Regierens gibt und theoretische Lösungen für die Probleme, die sich aus ihnen ergeben« (Tully 2009a: 44).

Demokratietheorie wird damit insgesamt zum Teil einer kritischen demokratischen Befragungspraxis. Gleichzeitig steht radikaldemokratischen Autor*innen durchaus vor Augen, dass diese Offenheit auch eine Gefahr darstellt. Das Fehlschlagen des Abenteuers der Demokratie kann fürchterliche Konsequenzen haben: Lefort hat hier totalitäre Versuchungen genannt (vgl. Lefort 2007b: 561), Derrida reflektiert die Gefahr einer demokratischen Selbstabschaffung von Demokratie (vgl. Derrida 2003a: 55), und in zeitdiagnostischer Perspektive treten uns solche Herausforderungen heute in der Gestalt der rechtspopulistischen Wiederkehr nationalistischer Identitäts- und Ausgrenzungspolitiken entgegen (vgl. Flügel-Martinsen 2018). Zwar mögen radikale Demokratietheorien aus prinzipiellen Gründen der Auffassung sein, dass sich keine theoretische Essenz der Demokratie auf den Begriff bringen lässt, die uns vor solchen Gefahren schützen könnte. Aber wir werden in den folgenden Kapiteln sehen, dass Theorien radikaler Demokratie, gerade weil sie kein Wesen der Demokratie zu umreißen suchen und Demokratietheorie als eine postessenzialistische Befragungspraxis verstehen, durchaus wirksame Mittel der Kritik an die Hand geben.

# 3. Politik und Politisches

Bei der Unterscheidung zwischen Politik und Politischem handelt es sich vermutlich um eines der meistdiskutierten Themenfelder innerhalb der Politischen Theorie der letzten Jahre (vgl. Bedorf/Röttgers 2010; Marchart 2010; Bröckling/Feustel 2012; Flügel-Martinsen 2017a: Kap. 3.1; Martinsen 2019). Zwischen den Diskursen über das Politische und denjenigen über radikale Demokratie besteht zudem nicht nur eine enge konzeptionelle Verbindung, sondern in den meisten Fällen auch eine Art Personalunion: Im Grunde schlagen alle zeitgenössischen Autor*innen, die die Politische Theorie im Ausgangspunkt einer Unterscheidung von Politik und Politischem denken, auch eine Theorie radikaler Demokratie vor. Wie in diesem Kapitel gezeigt werden soll, ist das kein Zufall. Ganz allgemein lässt sich sagen, dass die Unterscheidung zwischen Politik und Politischem es ermöglicht, die Konstitution und Transformation politisch-institutioneller Ordnungen durch politische Auseinandersetzungen zu denken. Was sich dabei an den spannungsreichen Berührungspunkten von Politik und Politischem auftut, ist in gewisser Weise der Möglichkeitsraum einer Praxis radikaler Demokratie (3.1). Zwar stellt diese Grundüberlegung eine Gemeinsamkeit ganz unterschiedlicher Positionen innerhalb des radikaldemokratischen Diskurses dar, aber sie wird keineswegs von allen in den gleichen Begrifflichkeiten diskutiert; um allzu große terminologische Verwirrungen zu vermeiden, wird das derzeit einflussreichste Parallelvokabular, Rancières Unterscheidung zwischen Politik und Polizei, deshalb in einem separaten Abschnitt skizziert (3.2). Ähneln sich viele dieser Ansätze auch in der grundlegenden Ausrichtung der Unterscheidung, indem eine institutionelle Sphäre etablierter politischer Strukturen von einer dynamischen Sphäre unterschieden wird, die politische Strukturen überhaupt erst in die Welt bringt, sie aber auch infrage stellen und sogar transformieren kann, so ergeben sich dennoch unterschiedliche Auffassungen darüber, ob das Politische ein seltenes Phänomen ist, das sich nur in bestimmten historischen Situationen antreffen lässt, oder ob es sich vielmehr auch in kleineren Dimensionen als wirksam aufspüren lässt (3.3). Eine weitere folgenreiche Spannung ergibt sich zudem hinsichtlich der Frage, welcher konzeptionelle und, wie wir sehen werden, ontologische Status der Dimension des Konflikts bei der Unterscheidung zwischen Politik und Politischen zukommt. Hier sind insbesondere die Überlegungen Ernesto Laclaus und Chantal Mouffes von großer Bedeutung. Da die Diskussion dieser Frage und die Entfaltung ihres Denkens des Politischen eine umfängliche Auseinandersetzung mit der Rolle des Konflikts erforderlich machen, wird die Beschäftigung damit auf das nachfolgende, Dissens und Konflikt gewidmete Kapitel verschoben, um unnötige Dopplungen zu vermeiden (vgl. Kap. 4).

## 3.1 Die Konturen der Unterscheidung von Politik und Politischem und ihr radikaldemokratischer Sinn

Die Unterscheidung von Politik und Politischem ermöglicht es uns, die Verbindungslinien zwischen den Themen der beiden vorangegangenen Kapitel so auszuleuchten, dass die Perspektive einer radikaldemokratischen Praxis sichtbar wird. Wir haben im ersten Kapitel die radikaldemokratische Überlegung kennengelernt, dass gesellschaftliche Ordnungen insgesamt als politisch instituierte Ordnungen verstanden müssen – also als Ordnungen, deren Konturen Ergebnisse politischer Auseinandersetzungen darstellen. Im zweiten Kapitel wurde dann ausgeführt, dass die politische Gestaltung von gesellschaftlichen Ordnungen deshalb erfolgen kann und muss, weil diese Ordnungen sich in einem konstitutiven Sinn als grundlos und kontingent erweisen: Sie haben zwar eine Geschichte, die sich aus radikaldemokratischer Perspektive als Geschichte politischer Auseinandersetzungen rekonstruieren lässt, und diese Geschichte beeinflusst auch zukünftige Entwicklungen, die sie nehmen, aber sie haben weder einen festen Grund, auf den sich ihre Gestalt zurückführen lässt, noch folgen sie einer Logik, die ihre weitere Entwicklung vorhersehbar machen würde. Hierin unterscheiden sich radikale Demokratietheorien, wie wir ebenfalls sehen konnten, erstens von klassischen Perspektiven politischer Philosophie, die, wie es beispielsweise bei Platon der Fall ist, einen rationalen Kern oder Angelpunkt politisch-sozialer Ordnungen für philosophisch ergründbar halten, von dem aus eine rationale, im zugleich epistemischen und ontologischen Sinn wahre Organisation gesellschaftlicher Ordnung möglich wäre. Während Platon zufolge alles, was nicht seiner philosophischen Idee gesellschaftlicher Ordnung entspricht, als Fehlentwicklung verstanden werden muss, interpretieren radikale Demokratietheorien verschiedene historische Entwicklungspfade einfach als verschiedene Verläufe einer kontingenten und damit ergebnisoffenen Geschichte. Damit unterscheiden sie sich zweitens auch von marxistischen Positionen: Zwar erkennt Marx einerseits den Umstand geschichtlicher Veränderung emphatisch an, sucht der Geschichte jedoch andererseits eine Logik einzuschreiben, die deren Verlauf in feste Bahnen lenkt und antizipierbar macht.[12]

Wie aber stellt sich die Transformation politisch-sozialer Ordnungen im Lichte der Unterscheidung von Politik und Politischem dar, und inwiefern eröffnet sich dadurch eine Perspektive radikaler Demokratie? Widmen wir uns zunächst der ersten Teilfrage; auf die zweite werden wir dann in diesem und den folgenden Abschnitten verschiedentlich zurückkommen. Die Form, in der die Unterscheidung von Politik und Politischem im Diskurs radikaldemokratischen Denkens eine zentrale Rolle spielt, geht theoriegeschichtlich auf Debatten im Kontext des Centre de recherches philosophiques sur le politique im Paris der frühen 1980er Jahre zurück (vgl. Martinsen 2019: 583/584 und Marchart 2010: 87/88), die wesentlich von Jean-Luc Nancy und Philippe Lacoue-Labarthe angestoßen wurden und an denen neben den beiden genannten Autoren u.a. Jacques Rancière, Jean-Francois Lyotard, Alain Badiou, Étienne Balibar, Claude Lefort und – ohne sich an den Publikationen zu beteiligen – auch Jacques Derrida, auf den Nancy zufolge die Gründung zurückging, beteiligt waren.[13] Da es im vorliegenden Zusammenhang weniger um die theoriegeschichtliche Rekonstruktion als um den begrifflichen Sinn der Unterscheidung geht, können wir uns zunächst auf die systematisch vermutlich einflussreichste Fassung konzentrieren, die in diesem frühen Kontext Claude Lefort der Unterscheidung von Politik und Politischem gegeben hat (vgl. Lefort 1986a).

Lefort exponiert seine Überlegungen, wie wir bereits sehen konnten (vgl. Kap. 1.1), mithilfe einer Kritik der szientistischen Perspektiven, die nach seiner Überzeugung die politische Soziologie und die Politikwissenschaft prägen. Während diese Politik als eine »partikulare Tatsache«, unterschieden von »anderen sozialen Tatsachen« (Lefort 1990b: 283), konzeptionalisieren, versäumen sie es, den Vorgang der Instituierung einer solchen institutionellen Sphäre wie jener der Politik zu denken (vgl. ebd.:

284). Die Politikwissenschaft versuche in einer positivistischen Verkürzung des Blickwinkels »eine Ordnung von einzelnen Tatsachen *im* Sozialen einzugrenzen«, die politische Philosophie, um deren Wiederherstellung Lefort sich bemüht, ziele demgegenüber darauf, »das Prinzip der Ordnung des Sozialen zu denken« (Lefort 1999: 49, Herv. i.O.). Worum es Lefort demnach geht, ist, die Hervorbringung der Politik selbst zu denken. Die entscheidende Pointe seines Vorschlags besteht dabei darin, diese Hervorbringung selbst als einen politischen Vorgang zu verstehen, der sich mithilfe des Begriffs des Politischen entschlüsseln lässt. Die Unterscheidung zwischen Politik und Politischem impliziert damit eine politische Gesellschaftstheorie, der zufolge verschiedene Gesellschaftsformen als Ergebnis einer jeweils zu anderen Gestalten führenden politischen Instituierung des Gesellschaftlichen begriffen werden müssen. Während die Politik (*la politique*) demzufolge als das spezifische politische Institutionengefüge einer bestimmten Gesellschaftsform verstanden werden muss, verweist das Politische (*le politique*) demgegenüber auf die politische Formgebung, also auf den Vorgang der Instituierung selbst. Diese Überlegungen sind sehr eng an die Annahme der Kontingenz von Gesellschaft gebunden, mit denen wir uns im vorangegangenen Kapitel beschäftigt haben, denn sie schließen die Vorannahme ein, dass es »keine Dimensionen des gesellschaftlichen Raumes gibt, die ›vor‹ ihrer Formgebung existierten« (Lefort 1990b: 284), und dass es erst das Politische ist, das soziale Ordnung und sozialen Sinn hervorbringt: »Diese Formgebung (*mise en forme*) ist eine Sinngebung (*mise en sens*) und zugleich eine Inszenierung (*mise en scene*).« (ebd.: 284) Schematisch gegenübergestellt ist das Politische demnach eine Tätigkeit der befragenden Weltgestaltung (vgl. Lefort 1999: 40), die die Ordnung des Gesellschaftlichen und damit auch die institutionelle Sphäre der Politik in die Welt bringt, aber, wie sich vor allem in revolutionären Situationen eindrücklich zeigt, auch wieder umgestalten kann, während Politik demgegenüber die instituierte Ordnung meint.

Damit kommen wir zur zweiten Frage, derjenigen nach der Möglichkeit einer radikalen, demokratischen Weltgestaltung. Diese ergibt sich genau aus dem Spannungsverhältnis zwischen einer institutionellen Sphäre der Politik und einem die Politik instituierenden Politischen, wobei die Politik gerade nicht ein für alle Mal in die Welt gebracht wird, sondern weiteren Infragestellungen und auch Transformationen ausgesetzt bleibt. Das Besondere einer demokratischen Gesellschaftsform besteht für Lefort nun darin, dass diese die Kontingenz der institutionellen Ordnungen selbst institutionalisiert und auf die dauerhafte symbolische Besetzung des Orts der Macht verzichtet, weil sie die Auseinandersetzung um die zeitweise Besetzung des Orts der Macht zu ihrem Prinzip erklärt:

> »Von allen Regimes, die wir kennen, ist sie [die moderne Demokratie] das einzige, in dem eine Repräsentation der Macht eingerichtet ist, die sinnfällig bestätigt, daß sie ein *leerer Ort* ist, und die so den Abstand zwischen Symbolischem und Realem wahrt. Dies verdankt sich einem Diskurs, aus dem hervorgeht, daß diejenigen, die sie ausüben, sie nicht innehaben, besser noch, sie nicht verkörpern, daß diese Ausübung einen periodisch wiederkehrenden Wettbewerb erfordert, daß die Autorität, der die Macht obliegt, als Folge eines Ausdrucks des Volkswillens erzeugt und immer wieder neu erzeugt wird.« (Ebd.: 49/50, Herv. i.O.)

Eine so verstandene Demokratie distanziert demnach immer wieder reflexiv die gegenwärtigen Inhaber*innen der Macht, indem sie sie nur als vorübergehende Inhaber*innen akzeptiert. Leforts politisches Denken hat aber noch radikalere demokratische Implikationen, als es diese Beschreibung des leeren Orts der Macht nahelegt, die sich durchaus auch einfach als Skizze einer liberalpluralistischen Konkurrenzdemokratie lesen lassen könnte. Lefort geht über die liberale Idee schon allein dadurch hinaus, dass er Demokratie, wie im gegenwärtigen politischen Denken auch sein Schüler Pierre Rosanvallon[14], gerade nicht nur als Regierungsform oder -system, sondern immer auch als Gesellschaftsform versteht – und zwar als eine Gesellschaftsform, die ihren Ort der Macht deshalb als leeren Ort einrichtet, weil sie sich der Kontingenz ihrer Ordnung innegeworden ist, weil sie jenseits von Gewissheit situiert ist (vgl. Lefort 2007a). Deshalb muss sie als eine permanente Befragung ihrer selbst, ihrer Institutionen und deren Grundlage verstanden werden (vgl. Lefort 2007a: 563).

Den zumindest nicht dauerhaft stillzustellenden Antrieb hierfür sieht Lefort in dem, was er als die ursprüngliche Teilung bezeichnet. Darunter versteht er die »Teilung des gesellschaftlichen Ganzen und der Trennung der Instanz der Macht von der Gesellschaft« (Lefort/Gauchet 1990: 96). Diese Teilung impliziert, wie er in ideengeschichtlicher Auseinandersetzung mit Machiavelli herausarbeitet (vgl. Lefort 1992), die Teilung zwischen jenen, die herrschen, und jenen, die beherrscht werden. Mit Machiavelli ist er nun davon überzeugt, dass im Konflikt zwischen diesen beiden Seiten die Möglichkeit politischer Freiheit angelegt ist, die sich im Aufbegehren derjenigen, die sich nicht beherrschen lassen wollen, zum Ausdruck bringt (vgl. Lefort 1992: 172). Wichtig für Leforts Demokratietheorie ist nun aber, dass sich für diese Spannung keine Lösung finden lässt: Das Volk kann nicht frei werden (vgl. ebd.: 173), es kann nur immer wieder um seine Freiheit kämpfen. Die Möglichkeit demokratischer Freiheit liegt deshalb nicht in einem – im Übrigen unerreichbaren – versöhnten Dauerzustand der Nichtbeherrschung, sondern im Konflikt selbst, im Aufbegehren gegen das Beherrschtwerden. Demokratien, so ließe sich sagen, sind so betrachtet demokratisch nicht in dem Sinne, dass in ihnen nicht geherrscht wird oder dass das Volk sich selbst beherrscht, sondern dadurch, dass immer wieder infrage gestellt werden kann, von wem auf welche Weise regiert wird. Damit kehrt die Spannung zwischen Politik und Politischem in radikalerer Form in das Lefort'sche Demokratiedenken zurück: Es kann nicht nur um die Auseinandersetzung darüber gehen, wer den leeren Ort der Macht zeitweise besetzt, sondern es muss auch immer um die Möglichkeit der Befragung der Institutionen selbst gehen. Ein radikaler Lefort-Schüler wie Miguel Abensour liest Leforts Demokratietheorie deshalb auch als das Denken einer Praxis der wilden Demokratie, die sich immer auch in der kämpfenden Auseinandersetzung mit staatlichen Institutionen bewegt (vgl. Abensour 2012: 227 ff.).

Auch Castoriadis, langjähriger Freund und Weggefährte Leforts in einer nicht immer spannungsfreien Beziehung (vgl. Dosse 2014: 224 ff. und 237 ff.), hat die reflexive Distanznahme bestehender institutioneller Ordnungen ins Zentrum seines Demokratiedenkens gerückt. Anders als Lefort sieht er sie aber nicht erst in der modernen, aus der Französischen Revolution hervorgehenden Demokratie angelegt, sondern erkennt sie auch schon in der Demokratie der attischen Polis (vgl. Castoriadis 1990a). Ob man diese Idee nun in der griechischen Antike oder im Zeitalter der Französischen Revolution verortet, ändert nichts daran, dass es primär nicht um die Lokalisierung als solche geht. Sowohl bei Lefort als auch bei Castoriadis lesen sich diese Überlegungen allerdings zuweilen durchaus eurozentrisch, so als ob derartige Vorstellungen wesentlich okzidentale Vorstellungen seien (vgl. bspw. Castoriadis 1990a: 300) oder als ob sie nur unter den Bedingungen der europäischen Moderne hätten hervorgebracht werden können (vgl. Lefort 2007b: 560 ff.). Wichtig an der historischen Kontextualisierung ist aber keineswegs die Zuordnung zu einer bestimmten Weltregion oder Epoche, sondern die demokratietheoretische Analyse bestimmter Charakteristika, deren wichtigstes die Möglichkeit einer reflexiven Distanznahme von bestehenden Gesellschaftsordnungen und ihren Institutionen ist, die sich im Zuge einer kritischen Befragung und Infragestellung als in dem Sinne kontingent erweisen, dass sie keinen festen Grund haben, keine höhere Wahrheit verkörpern und deshalb umgestaltet werden können. Wo und wann auch immer diese Möglichkeit aufscheint, kann die Spannung zwischen Politik und Politischem als demokratische Auseinandersetzung über die Instituierung von Gesellschaft gestaltet werden.

Zwar hat sich die internationale Rezeption der Arbeiten Leforts über einen langen Zeitraum nur sehr schleppend entwickelt, was sich im deutschsprachigen Raum etwa an der nur spärlichen Übersetzungslage seiner Arbeiten zeigt.[15] In der zeitgenössischen kritischen politischen Theorie spielt die Unterscheidung zwischen Politik und Politischem, die vielfach unter Bezugnahme auf Lefort exponiert wird, mittlerweile dennoch eine sehr zentrale Rolle, wenngleich die Unterscheidung in verschiedenen Deutungsvarianten Verwendung findet (vgl. Marchart 2010; Bedorf/Röttgers 2010; Bröckling/Feustel 2012; Hebekus/Völker 2012; Flügel-Martinsen 2017a, insb. Kap. 3.1; Martinsen 2019). Neben der parallelen Unterscheidung zwischen Politik und Polizei, der wir uns im folgenden Abschnitt zuwenden werden (3.2), gehört dabei Chantal Mouffes Verwendungsweise gegenwärtig zu den einflussreichsten Beiträgen in der Diskussion über die Politik und das Politische.

Mouffe dient die Unterscheidung zwischen Politik und Politischem zur konzeptionellen Einbettung der Überlegungen zur radikalen Demokratie, die sie gemeinsam mit Ernesto Laclau, für den die Unterscheidung ebenfalls wichtig ist (vgl. Marchart 2010: Kap. 7), in *Hegemonie und radikale Demokratie* (Laclau/Mouffe 2012: 189–238) entwickelt hat. Wie Mouffe in zahlreichen ihrer

Arbeiten ausgeführt hat, ermöglicht ihr die Unterscheidung zwischen Politik und Politischem, die institutionalisierte Sphäre der politischen Ordnung von einer sie zugleich konstituierenden, sie aber auch kontestierenden und transformierenden Sphäre des Politischen abgrenzen und zugleich deren konflikthaftes Zusammenspiel erkunden zu können (vgl. Mouffe 2007, 2008 und 2014). Mouffe gibt der Distinktion von Politik und Politischem nun dadurch eine spezifische Fassung, dass sie beide Sphären oder Dimensionen mithilfe der weiteren Unterscheidung zwischen Antagonismus und Agonismus näher bestimmt (vgl. Mouffe 2007: Kap. II, 2008: 102 ff. und 2014: Kap. 1). Nach ihrer Überzeugung ist das Politische antagonistisch verfasst, das heißt, es wird durch tiefe und zunächst unversöhnliche Freund-Feind-Beziehungen bestimmt, die sich immer auch gewaltförmig zum Ausdruck bringen können. Hierin folgt sie Carl Schmitt, dessen rechtsextrem ausgerichtetem politischen Denken sie Inspirationen für eine explizit linke politische Theorie zu entnehmen sucht (vgl. Mouffe 1999a und b sowie 2007: Kap. II). Politik versteht Mouffe nun demgegenüber als eine zumindest erfolgreiche Transformation von Antagonismen in Agonismen, also von Beziehungen der Feindschaft in solche der Gegnerschaft (vgl. Mouffe 2008: 103/104). Die institutionelle Ordnung der Politik kann indes verschiedene Gestalten annehmen, und Mouffe ist davon überzeugt, dass diese erstens in unterschiedlichem Maße demokratisch und zweitens in unterschiedlicher Weise geeignet sind, die Transformation von Antagonismen in Agonismen erfolgreich vollziehen zu können. Gelingt dies politisch-institutionellen Arrangements nicht, dann drohen Antagonismen unvermittelt aufzubrechen. In zeitdiagnostischer Hinsicht scheint ihr dabei insbesondere die derzeit hegemoniale (neo-)liberale Ordnung der Politik in beiden Hinsichten besonders schlecht geeignet zu sein. Der Grund für deren mangelnde Fähigkeit zur Transformation von Antagonismen in Agonismen und ihre mangelhafte Demokratizität liegt jeweils in einer neoliberalen Strategie der Entpolitisierung: Die neoliberale Hegemonie tendiert nach Mouffes Einschätzung dazu, eine Semantik des Konsenses und der Sachpolitik zu etablieren, die den demokratischen Streit über Alternativen gerade nicht zulässt (vgl. Mouffe 2007). Wenn aber die Möglichkeit eines demokratischen Streits über Alternativen fehlt, dann führt dies erstens zu postdemokratischen Verhältnissen, in denen die demokratischen Gestaltungsspielräume eingeschränkt, ja zuweilen gar zum Verschwinden gebracht werden, und weil dadurch zweitens politische Auseinandersetzungen nicht in den Verfahren der institutionalisierten Politik geführt werden können, drohen sie sich in antagonistischer Form Bahn zu brechen. Aus Mouffes Sicht ist es genau diese Situation, die zum gegenwärtigen Brüchigwerden der neoliberalen Diskurshegemonie führt. Wie sie in ihrer Streitschrift *Für einen linken Populismus* ausführt, bringt dies ebenso Chancen wie große Risiken mit sich: Die Folge der antagonistischen Herausforderung der neoliberalen Diskursformation kann nach ihrer Einschätzung entweder in der Transformation in rechtsgerichtete, in einigen Fällen auch faschistische politische Arrangements führen oder den Raum für die Wiedereröffnung einer linken demokratischen Politik schaffen (vgl. Mouffe 2018). Während Mouffe daher in früheren Arbeiten wesentlich für ein agonistisches Demokratiemodell plädiert hat, das als anderer politischer Rahmen echten demokratischen Streit ermöglichen soll (vgl. Mouffe 2008), setzt sie sich in einem expliziten politischen Bekenntnis in ihren jüngeren Arbeiten aktiv für eine linkspopulistische Strategie ein (vgl. Mouffe 2018: 11); wir werden darauf ebenso wie auf die konflikttheoretischen Implikationen von Mouffes Überlegungen in späteren Abschnitten zurückkommen (vgl. Kap. 4 und Kap. 6)

## 3.2 Politik versus Polizei (Rancière)

In den einflussreichen Arbeiten Jacques Rancières findet sich in einer etwas verschobenen Terminologie eine zur Unterscheidung zwischen Politik (*la politique*) und Politischem (*le politique*) parallele Unterscheidung von Polizei (*la police*) und Politik (*la politique*). Obwohl Rancière damit an den systematisch zentralen Stellen ebenfalls mit einer dyadischen Unterscheidung arbeitet, führt er an manchen Stellen, wie um die Verwirrung komplett zu machen, auch noch einen eigenen, aber nicht immer ganz klaren Begriff des Politischen (*le politique*) ein. Da Rancières Parallelvokabular erstens in den gegenwärtigen Theoriedebatten radikaldemokratischen Denkens einen enormen Einfluss hat und da sich bei ihm zweitens auch noch einmal sehr deutlich die radikaldemokratischen Konsequenzen einer Unterscheidung verschiedener politischer Dimensionen oder Sphären zeigen, lohnt es sich, seinen Vorschlag etwas eingehender zu betrachten.

Sehen wir uns zunächst die Gegenüberstellung von Polizei und Politik an und setzen sie ins Verhältnis zu derjenigen zwischen Politik und Politischem; später werde ich auch noch etwas zu der bereits erwähnten, nach meinem Dafürhalten weder klaren noch erforderlichen Einführung eines dritten Begriffs, dem des Politischen, in Rancières Unterscheidung sagen. Der hauptsächliche textliche Referenzpunkt, auf den immer wieder rekurriert wird, ist das Kapitel »Das Unrecht: Politik und Polizei« aus *Das Unvernehmen*, Rancières schmalem, aber gehaltvollem und wirkmächtigem Hauptwerk zur politischen Philosophie (Rancière 2002: 33–54). Rancière setzt sich in diesem Buch – ähnlich wie Lefort, der als Absicht seiner Überlegungen die Wiederherstellung der politischen Philosophie ausweist (vgl. Lefort 1990b: 281) – ein sehr weitreichendes Ziel, indem er erklärt, es gehe ihm darum, »die Rückkehr der politischen Philosophie ins Feld der Praxis zu denken« (Rancière 2002: 13). Diese prinzipielle Zielsetzung ist in unserem Zusammenhang vor allem auch deshalb von Interesse, weil sich Rancières Auseinandersetzung mit den Hauptströmungen in der Geschichte der politischen Philosophie von den antiken Texten Platons und Aristoteles' bis in die Gegenwart hinein zu den Überlegungen Jürgen Habermas' in dem Vorwurf zusammenfassen lässt, die verschiedenen Entwürfe einer politischen Philosophie stellten Versuche dar, Schluss mit der Politik als einer demokratischen Weltgestaltung machen. Was Rancière demnach versucht, wenn er die politische Philosophie wieder in das Feld der politischen Praxis einführen möchte, ist, den Raum für einen demokratischen Streit über die Weltgestaltung zu eröffnen. Den Kern dieses Vorhabens bildet die Unterscheidung von Polizei und Politik.

Den Begriff der Polizei verwendet Rancière in einer auf den ersten Blick überraschenden und in mancherlei sicherlich auch provokativen Hinsicht, indem er ihn auf genau das bezieht, was üblicherweise und auch in Leforts Unterscheidung zwischen Politik und Politischem mit dem Begriff der Politik verbunden wird:

> »Allgemein benennt man mit dem Namen der Politik die Gesamtheit der Vorgänge, durch welche sich die Vereinigung und die Übereinstimmung der Gemeinschaften, die Organisation der Mächte, die Verteilung der Plätze und Funktionen und das System der Legitimierung dieser Verteilung vollziehen. Ich schlage vor, dieser Verteilung und dem System dieser Legitimierungen einen anderen Namen zu geben. Ich schlage vor, sie *Polizei* zu nennen.« (Ebd.: 39/40)

Mit dem Begriff der Polizei werden demnach offenbar die institutionelle Sphäre der Politik und die Ordnung ihrer Legitimierung bezeichnet. Rancière kann sich für diese zunächst eigenwillige Begriffswahl auf Rekonstruktionsarbeiten und Begriffsverwendungen stützen, die Foucault in den späten 1970er Jahren in seinen Vorlesungen zur Geschichte der Gouvernementalität erprobt hat (vgl. Foucault 2004: 450 ff.), auf den sich Rancière auch explizit bezieht (Rancière 2002: 40). Foucault schließt dort an kameralistische Diskurse des 17. und 18. Jahrhunderts an, in denen der Begriff der Polizei seiner Rekonstruktion zufolge, weit gefasst, die staatliche und wohlfahrtsstaatliche Ordnung einer Gesellschaft inklusive der zugehörigen Behörden, ihrer Logiken und ihrer Regierungstechniken bezeichnet hat (vgl. ebd.: 40). Der Begriff der Polizei ist daher, wie Rancière behauptet, nicht per se abwertend gemeint, und es gibt bessere und schlechtere polizeiliche Ordnungen (vgl. ebd.: 40 bzw. 42). Was mit der Unterscheidung besserer und schlechterer Polizeien gemeint ist, mag eine zeitdiagnostische Argumentation aus einem anderen Text Rancières illustrieren: In *Der Hass der Demokratie* führt er so in zeitkritischer Perspektive zunächst aus, dass wir nicht in Demokratien leben, weist dann aber, ohne namentliche Nennung, Agambens Diagnose zurück (vgl. Agamben 2002: 175), der zufolge wir in politischen Systemen leben, die sich mit den Begriffen von Lager und Ausnahmezustand beschreiben lassen, um schließlich als eigene diagnostische Einschätzung festzustellen, dass wir in oligarchischen Rechtsstaaten lebten, deren Vor- und Nachteile er ausführt (vgl. Rancière 2011: 89). Dem lässt sich entnehmen, dass die polizeiliche Ordnung liberaler, repräsentativ-demokratischer Systeme westlichen Typs aus Rancières Sicht zwar nicht als demokratisch bezeichnet werden kann,[16] aber gewisse normative Rechte aufweist, die in polizeilichen Ordnungen, die als Lager organisiert wären, nicht bestehen würden – bessere und schlechtere polizeiliche Ordnungen also.

Dennoch ist der Begriff der Polizei nach meinem Dafürhalten auch nicht ganz ohne kritische Spitze zu verstehen. Das zeigt schon der erste Teil der Überschrift des Kapitels über Politik und Polizei an, der »Das Unrecht« lautet. Es ist, wie Rancière in seinem Aufsatz *Gibt es eine politische Philosophie?* ausführt, die Polizei, die dieses Unrecht gegenüber der Gleichheit verübt (Rancière 1997a: 70). Um diese Überlegung zu verstehen, muss nun der Begriff der Politik skizziert werden. Unter Politik versteht Rancière die Tätigkeit, die der polizeilichen Tätigkeit »feindlich ist« – sie ist die Tätigkeit, »die einen Körper von einem Ort entfernt, der ihm zugeordnet war, oder die die Bestimmung eines Ortes ändert; sie lässt sehen, was keinen Ort hatte, gesehen zu werden, lässt eine Rede hören, die nur als Lärm gehört wurde« (Rancière 2002: 41). Wir haben weiter oben bereits Rancières Überlegungen zur sinnlichen Aufteilung (*partage du sensible*) der Welt berührt und gesehen, dass er davon ausgeht, dass die sinnliche Ordnung der Welt gestaltet werden kann, weil sie kontingent ist. Mithilfe des Begriffspaares von Polizei und Politik wird es nun erstens möglich, diese Überlegungen schärfer herauszuarbeiten, und zweitens, den Einsatzpunkt des demokratischen Streits um die Einrichtung von Welt zu markieren.

Polizeiliche Ordnungen können demnach als sinnliche Gestaltungen der Welt verstanden werden: Sie bringen eine Aufteilung der Welt hervor, die darüber entscheidet, wie wir diese wahrnehmen, und die auf diese Weise darüber entscheidet, wer welchen Platz einnimmt, wessen Rede als sinnvoll erachtet, ja wessen Rede überhaupt gehört und nach welchen Regeln auf welche Weise an welchen Orten darüber entschieden wird. Wichtig ist dabei nun aus politiktheoretischer Perspektive, dass diese Aufteilungen des Sinnlichen bestimmte Gestaltungen sind, die Plätze ungleich zuweisen und Gruppen hervorbringen, die keinen Anteil an ihnen haben (*la part des sans part*), deren Rede, wie im obigen Zitat, nur als Lärm gehört wird und die sich innerhalb einer gegebenen polizeilichen Ordnung nur schwer und oftmals gar nicht dem ihnen zugewiesenen Platz entziehen können: Frauen bleiben in einer patriarchalischen Ordnung ausgeschlossen von öffentlichen Tätigkeiten, Sklaven, die in den USA vor der Abolition ihren Platz zu verlassen versuchten, riskierten körperliche Züchtigungen und Verstümmelungen, ja sogar ihr Leben – die Liste ließe sich fortsetzen. Unter Politik versteht Rancière demnach die Infragestellung und im Erfolgsfall auch das Aufbrechen, die Subversion einer polizeilichen Ordnung durch die Anteillosen. Diese können die Transformation nicht innerhalb einer bestehenden Ordnung erreichen, die sie zu Anteillosen macht, weil sie in ihr ja gerade keinen gestaltenden Platz auf der Bühne haben: Frauen können nicht über die Einführung des Frauenwahlrechts abstimmen, Sklaven nicht für die Abschaffung der Sklaverei stimmen usf. – sie müssen dies in Form gegen die bestehende polizeiliche Ordnung gerichteter Handlungen tun, und für diese Tätigkeiten, die auf eine Neuaufteilung des Sinnlichen zielen, schlägt Rancière den Namen der Politik vor.

Inwiefern verletzt die polizeiliche Ordnung nun die Gleichheit, und setzt Rancière damit eine substanzielle Idee der Gleichheit voraus? Erstgenanntes liegt in den angeführten Beispielen auf der Hand: So wird beispielsweise ein gleiches Recht auf Mitbestimmung vorenthalten. Impliziert das einen emanzipatorischen Apriorismus, der die Idee der Gleichheit unhinterfragt voraussetzt? Das ist Rancière, etwa von Oliver Marchart (vgl. Marchart 2010: 178 ff.), zum Vorwurf gemacht worden. Zuweilen lesen sich Passagen in Rancières Texten in dieser Frage tatsächlich nicht ganz klar; so etwa in der einschlägigen Formulierung aus *Das Unvernehmen*:

»Die Gleichheit ist kein Gegebenes [*donné*], das die Politik einer Anwendung zuführt, keine Wesenheit [*essence*], die das Gesetz verkörpert, noch ein Ziel [*but*], das sie sich zu erreichen vornimmt. Sie ist nur eine Voraussetzung [*présupposition*], die in den Praktiken, die sie ins Werk setzen, erkannt werden muss.« (Rancière 2002: 44/45).

Rancière ist sich des Problems einer unhinterfragt vorausgesetzten Gleichheitsidee offenbar gewahr und er versucht deshalb Anklänge daran zu vermeiden, indem er Vorstellungen einer Gleichheit als Gegebenes oder als Wesen zurückweist. Gleichzeitig bleibt etwas unklar, was Voraussetzung (*présupposition*) hier meinen könnte und ob mit ihr nicht doch eine apriorische Vorstellung ins Spiel kommt. Eine genaue Behandlung mit dieser diffizilen Frage würde eine eingehendere Beschäftigung erforderlich machen, als sie hier geleistet werden kann. Ich möchte aber zumindest kurz meinen Deutungsvorschlag erwähnen, den ich andernorts umfänglicher ausgearbeitet habe (vgl. Flügel-Martinsen 2015b und 2017a: Kap. 3.1): Wenn Rancière von der Gleichheit als einer Voraussetzung spricht, dann mag das auf den ersten Blick zugegebenermaßen nach einer Figur wie der Präsumtion der Gleichheit klingen (vgl. Gosepath 2004: Kap. II.8). Mein Vorschlag ist aber, den Rekurs auf Gleichheit im Anschluss an Rancière und in Abgrenzung zu manchen mindestens unklaren Formulierungen bei ihm anders zu lesen und Gleichheit selbst einfach als eine Implikation von Kontingenz zu verstehen. Gleichheit würde dann gerade nicht substanziell oder transzendental vorausgesetzt, weil mit ihr nur, mit Rancière gesprochen, die Möglichkeit von »n'importe qui« (Rancière 1995: 35), von Beliebigen, gemeint wäre, eine bestehende polizeiliche Ordnung infrage zu stellen. Diese Möglichkeit einer Infragestellung durch Beliebige eröffnet sich deshalb, weil Ordnungen nicht fest gegründet sind – weder in Gott noch der Natur oder sonst einem übergeordneten Bezugspunkt. Denjenigen, die von einer bestehenden polizeilichen Ordnung als Teile ohne Anteil behandelt werden, kann deshalb kein höherer Grund entgegengehalten werden, der ihnen die Infragestellung des Unrechts verwehren würde. Rancière führt Gleichheit entsprechend nicht als moralphilosophische Prämisse der Legitimierung politischer Infragestellungen, sondern als durch und durch politische Kategorie eines Kampfes um die Um- und Neugestaltung gegebener Aufteilungen des Sinnlichen ein.

Damit der Zurückweisung einer substanziellen bzw. transzendentalen Gleichheitsidee nicht ein anderes Missverständnis auf dem Fuß folgt, ist es an dieser Stelle wichtig, zu unterstreichen, dass die Infragestellung durch Beliebige zu beliebigen Zeiten nicht mit gleichen Erfolgsaussichten durchgeführt werden kann. Das Gegenteil ist der Fall: Polizeiliche Ordnungen befestigen ihre Verteilungen durch Legitimierungen, wie sie uns beispielsweise in Form rassistischer, heteronormativer oder patriarchalischer Ideologien entgegentreten. Hier zeigt sich auch noch einmal, warum Rancières Argument kein moralisches, sondern ein politisches ist: Ob eine bestehende polizeiliche Ordnung erfolgreich kontestiert werden kann, hängt davon ab, ob sich der Raum für Politik eröffnet. In diesem Zusammenhang spielen nicht zuletzt Überlegungen zur Konstitution politischer Subjektivitäten eine wichtige Rolle, auf die wir später in einem eigenen Kapitel zurückkommen werden (vgl. Kap. 5). Zunächst ist es aber vor allem wichtig, das Zusammenspiel von Politik und Polizei und die Beziehung zur Demokratie noch etwas genauer auszuleuchten.

Rancière zufolge hängt die Möglichkeit der Politik, also des Infragestellens und im Erfolgsfall auch des Aufbrechens und des Neugestaltens einer gegebenen polizeilichen Ordnung davon ab, dass sich politische und polizeiliche Ordnung miteinander berühren (vgl. Rancière 2002: 45). Damit ist gemeint, dass der politische Streit um die Gestaltung von Welt eröffnet werden kann, wenn es gelingt, eine bestehende Polizei auf ihre Kontingenz zu verweisen und damit eine Perspektive ihrer Umgestaltung aufzuzeigen. Es gibt nun Texte wie beispielsweise den ursprünglich 1991 verfassten Aufsatz *Politique, identification, subjectivation* (Rancière 2004), in dem Rancière für dieses Moment der Berührung der polizeilichen und der politischen Logik den Begriff des Politischen als dritten Begriff einführt (vgl. ebd.: 112 f.). An manchen späteren Stellen bezieht er sich auf diese Begriffstrias zurück (vgl. Rancière 2015a: 61); in anderen Texten, so auch in dem für die Unterscheidung von Politik und Polizei wichtigen Buch *Das Unvernehmen*, scheint die Unterscheidung nicht nur zu fehlen, sondern die Dynamik der dissensuellen Berührung der heterogenen Dimensionen von Polizei und Politik wird dem primär als Aktivität verstandenen Begriff der Politik selbst eingeschrieben (vgl. Rancière 2002: 45). Es ist hier nicht der Ort, um mögliche terminologische Unklarheiten in Rancières politischem Denken zu klären. Mir scheint aber die Unterscheidung eines Begriffs des Politischen, der das dynamische Moment des Konflikts zwischen Politik und Polizei benennen würde, nicht wirklich hilfreich zu sein, wenn der Begriff der Politik, wie an vielen systematischen Stellen der Fall, selbst bereits als eine solche Tätigkeit, nämlich als Modus des Aufbrechens der polizeilichen Ordnung bestimmt wird (vgl. Rancière 2002: 38 ff.). Einerseits würden Rancières Überlegungen damit zwar die Konnotation des Politischen aufgreifen, die ihm in den meisten anderen Ansätzen, welche mit der Unterscheidung von Politik und Politischem arbeiten, beigelegt wird. Andererseits aber bringt das eine Unschärfe in seine eigene begriffliche Distinktion von Polizei und Politik, da die letztgenannte Kategorie in ein unklares Verhältnis zu einem Begriff des Politischen gerät. Denn wie sich dann Politik als Dynamik des Aufbrechens einer polizeilichen Ordnung und das Politische als konflikthafte Berührung der polizeilichen und der politischen Logik auf einer gegenständlichen Ebene unterscheiden lassen sollten, scheint mir offen gestanden unklar. Es ist aus meiner Sicht daher alles andere als ein Zufall, dass Rancière an vielen Stellen auf eine mit nur zwei Begrifflichkeiten – Politik und Polizei – arbeitende Beschreibung zurückgreifen kann, *ohne* dass der Eindruck entsteht, es ergebe sich eine Lücke, die sich nur mithilfe eines weiteren Begriffs schließen ließe.

Wie dem auch sei, für die Exposition der radikaldemokratischen Implikationen von Rancières politischem Denken ist eine andere und in diesem Fall mit einer systematischen These verknüpfte begriffliche Unschärfe von ungleich größerer Bedeutung: die zwischen Politik und Demokratie. Genau genommen scheint es nämlich zwischen Politik und Demokratie in Rancières Denken gar keine Unterscheidung zu geben. So bestimmt Rancière Demokratie in der gleichen Weise, wie er zuvor den Begriff der Politik charakterisiert hat, nämlich als »Unterbrechung dieser Ordnung der Verteilung der Körper in der Gemeinschaft« (Rancière 2002: 108). Demokratie wird damit wie auch Politik als Dissenspraktik verstanden (vgl. Rancière 2015a: 62), die mit dem polizeilichen Konsens Schluss macht. Rancière unterläuft allerdings nicht einfach eine versehentliche begriffliche Unschärfe, sondern er leitet aus dieser Bestimmung der Demokratie erstens ab, dass Demokratie gewissermaßen die Politik einsetzt (vgl. Rancière 2002: 111), da er als demokratisch diejenigen Tätigkeiten beschreibt, die eine gegebene sinnliche Ordnung infrage stellen, indem sie deren Kontingenz herausstellen. Zweitens ist Politik demnach per se demokratisch, denn nur solche Vorgänge verdienen politisch genannt zu werden, die über eine gegebene Aufteilung des Sinnlichen im Namen der Gleichheit Beliebiger hinausgehen, während alle anderen Vorgänge innerhalb der polizeilichen Logik verbleiben – ob das zu einer Seltenheit von Politik führen muss, wie Rancière zuweilen nahezulegen scheint, wird uns im nächsten Abschnitt beschäftigen. Drittens und demokratietheoretisch vielleicht am folgenreichsten unterstreicht Rancière aber vor allem, dass Demokratie diesem Verständnis zufolge eben eine dissensuelle Praktik und nicht ein Institutionengefüge bezeichnet: »Demokratie ist nicht ein Gesamtes von Institutionen oder eine Regierungsweise unter anderen. Sie ist nicht die parlamentarische Ordnung oder der Rechtsstaat.« (Rancière 1997b: 98; vgl. auch Rancière 2015a: 62) Sie ist, wie Rancière in *Der Hass der Demokratie* ausführt, eine Schlacht um die Worte, die zugleich eine Schlacht um die Dinge ist (Rancière 2011: 110/111), weil die Beschaffenheit einer sinnlichen Ordnung im Wesentlichen davon abhängt, welchen Sinn wir welchen Worten beimessen, wodurch sich mit der Ordnung (des Sinns) der Worte auch die Ordnung der Dinge ändert. Dass diese demokratische Dissensartikulation wesentlich von Weisen der politischen Subjektivierung und damit von einem Streit über den *demos* abhängt, wird uns in Kapitel 5 noch eingehend beschäftigen. Nun müssen wir uns zunächst mit der innerhalb des radikaldemokratischen Diskurses kontroversen Frage beschäftigen, ob aus Überlegungen wie diesen die Seltenheit von Politik folgt.

### 3.3 Ist das Politische selten?

Für Rancières politisches Denken ist es – wie für viele auf einer Unterscheidung zwischen einem politisch-administrativen Normalbetrieb und einer politischen Instituierung und Destituierung aufbauenden radikaldemokratischen Denkansätze – eine wichtige Frage, ab wann etwas als politisch im starken Sinne gelten kann und bis zu welchem Punkt es sich, in der Theoriesprache Rancières, um Vollzüge innerhalb einer bestehenden polizeilichen Ordnung handelt. Rancière erörtert diese Frage in *Das Unvernehmen* am Beispiel des Streiks. Zunächst unterstreicht er, dass die Frage, ob etwas politisch ist, sich nicht an Inhalten festmachen lässt: »Nichts ist also an sich politisch« (Rancière 2002: 44). Eine nicht auf inhaltliche Merkmale zurückgreifende Bestimmung des Politischen ist keine originäre Überlegung Rancières im engeren oder des radikaldemokratischen Denkens im weiteren Sinne. Sie begegnet uns vielmehr bereits im hochproblematischen, da in seinen Konsequenzen faschistischen politischen Denken Carl Schmitts, des zeitweisen Kronjuristen des Dritten Reiches. In seiner 1932 erschienenen Studie *Der Begriff des Politischen* (Schmitt 1996)[17] weist Schmitt Versuche einer inhaltlichen Bestimmung des Politischen zurück und schlägt stattdessen einen Intensitätsbegriff des Politischen vor. Schmitt zufolge können beliebige Inhalte politisch werden, wenn sie eine hinreichende Trennungs- und Formationskraft zu entbinden vermögen: »Jeder religiöse, moralische, ökonomische, ethnische oder andere Gegensatz verwandelt sich in einen politischen Gegensatz, wenn er stark genug ist, die Menschen nach Freund und Feind effektiv zu gruppieren.« (Ebd.: 37) Schmitts auf einer politischen Ontologie des Konflikts (Schmitt bestimmt das Politische substanziell von der Möglichkeit des Konflikts her) aufruhende Begriffsbestimmung geht dabei nicht von einem häufigen Auftreten realer, bewaffneter Auseinandersetzungen aus, sondern betrachtet diese als seltene, aber entscheidende Möglichkeit: »Daß dieser Fall [der Ernstfall des bewaffneten Konflikts] nur ausnahmsweise eintritt, hebt seinen bestimmenden Charakter nicht auf, sondern begründet ihn erst.« (Ebd.: 35) Würde aber die Möglichkeit des bewaffneten Konflikts gänzlich verschwinden, wäre die Welt »eine Welt ohne Politik« (ebd.: 35).

Rancières Überlegungen ähneln denjenigen Schmitts nach meinem Dafürhalten hinsichtlich einer politischen Ontologie des Konflikts keineswegs, auch wenn, wie wir sehen werden (Kap. 4), Konflikte in seinem politischen Denken ebenfalls eine wichtige Rolle einnehmen. Aber auch Rancière löst die Frage danach, ob etwas politisch ist, von inhaltlich ausweisbaren Merkmalen ab. Statt nun, wie Schmitt, die Intensität des Konflikts zum entscheidenden Kriterium zu erklären, ist für Rancière die Intensität der Gestaltung wesentlich. Für ihn ist die entscheidende Frage, ob eine bestehende Aufteilung des Sinnlichen (*partage du sensible*), also eine gegebene polizeiliche Ordnung, umgestaltet wird. Rancière bindet diese Überlegungen in eine tief ansetzende politische Ästhetik ein, die nur wenig mit einer Lehre vom Schönen zu tun hat, sondern die auf die ältere, sich aus der altgriechischen Kategorie der Aisthesis herschreibende Ästhetik als Lehre der Weltwahrnehmung zurückgeht:

»Und die *Aisthesis*, die sich in dieser Sprache an den Tag legt, ist der Streit selbst über die Verfassung der *Aisthesis*, über die Aufteilung des Sinnlichen, durch welche die Körper sich in Gemeinschaft befinden. Man verstehe hier Aufteilung [*partage*] im doppelten Sinne des Wortes: Gemeinschaft und Trennung.« (Rancière 2002: 38)

Politik wäre also die Um- und Neugestaltung unserer Weltwahrnehmung, die Rancière zufolge ununterscheidbar von der Weltaufteilung ist: Wir leben in derjenigen Welt, die wir auf bestimmte Weisen wahrnehmen. Unsere Wahrnehmungen davon, wem welcher Platz zukommt, wer wann auf welche Weise sprechen darf oder gehört wird, entscheidet darüber, wie unsere Welt beschaffen ist. Auf das schon angesprochene Beispiel des Streiks übertragen heißt das: Ein Streik verbleibt innerhalb der polizeilichen Logik, solange er nicht auf eine Umgestaltung zielt:

»Ein Streik ist nicht politisch, wenn er eher Reformen als Verbesserungen fordert oder wenn er die Autoritätsverhältnisse anprangert statt das Ungenügen der Gehälter. Er ist es, wenn er die Verhältnisse, die den Arbeitsplatz bestimmen, in seinem Verhältnis zur Gemeinschaft neu ordnet.« (Ebd.: 44)

Rancière scheint nun davon auszugehen, dass solche Umgestaltungen nicht häufig stattfinden. Die Berührung der polizeilichen und der politischen Logik, die auf eine Durchkreuzung der »als natürlich vorausgesetzten Logik der Herrschaft« (ebd.: 29) durch die Logik einer politischen Umgestaltung im Namen einer Gleichheit Beliebiger hinausläuft, ist nach seiner Deutung so zu verstehen, »dass es nicht immer Politik gibt« (ebd.: 29). Ja, er unterstreicht, dass es »sie sogar wenig und selten« gebe, weil die meisten üblicherweise als politisch bewerteten Aktivitäten »tatsächlich meistens anderen Maschinerien« angehörten, während Politik nach seiner Überzeugung nur dann stattfindet, wenn sich in der Form einer Infragestellung einer gegebenen Ordnung durch die »Gleichheit zwischen Beliebigen« so etwas wie »die paradoxe Wirksamkeit der reinen Kontingenz jeder gesellschaftlichen Ordnung« entfaltet (alle Zitate: Rancière 2002: 29).

Obwohl er sich von Marx' Denken, das ihn als Althusser-Schüler in seiner Bildungsbiografie zunächst sehr stark geprägt hatte (vgl. Rancière 2016: 11 ff.), sehr deutlich distanziert, da es ihm ebenfalls nur als eine Variante des theoretischen Schlussmachens mit Politik erscheint (vgl. Rancière 2002: 94 ff.), hallt hier insgesamt wohl so etwas wie ein Revolutionsparadigma zumindest in dem Sinne nach, als Rancière grundlegende Umgestaltungen nicht in der Form einer Politik der kleinen, aber in Summe wirkmächtigen Schritte, sondern eher als Umschwünge zu denken scheint.

Gegen solche Vorstellungen einer seltenen Politik hat Oliver Marchart zu Recht die Idee einer minimalen Politik in Stellung gebracht, die aber keineswegs mit kleiner, im Sinne von nur wenig wirkungsvoller Politik verwechselt werden darf:

»Minimal heißt *nicht*: so wenig Politik wie möglich, sondern das genaue Gegenteil: so viel Politik wie möglich, *und sei dies auch wenig* (unter gegebenen Umständen). Praktiken minimaler Politik zielen auf keine Minimierung, sondern, auch wenn das zunächst konterintuitiv sein mag, auf eine Maximierung von Politik.« (Marchart 2010: 305, Herv. i.O.)

Marchart geht es bei der Betonung von Praktiken minimaler Politik also keineswegs darum, auf wenig abzuzielen. Was er vielmehr im Auge hat, ist die Bedeutung von kleinen Schritten für große Ziele der Umgestaltung. Um im oben mit Rancière angesprochenen Bild des Streiks zu bleiben: Politisch wird ein Streik nicht erst dann, wenn er sich von einem Streik für höhere Löhne zu einem Generalstreik ausweitet, der direkt auf die unmittelbare Umgestaltung gesellschaftlicher Verhältnisse zielt. Als politisch können auch kleinere Aktivitäten wie begrenzte Streiks verstanden werden, wenn sie sich gemeinsam mit anderen Aktivitäten zu einer insistenten und dadurch wirkungsvollen Politik der steten Nadelstiche verbinden, die ebenfalls große Um- und Neugestaltungen zur Folge haben können – ohne dass diese bei jeder einzelnen Aktivität direkt erkennbar sein muss. Politik auch in kleineren Aktivitäten zu erkennen bedeutet deshalb mitnichten, vom weitreichenden radikaldemokratischen Anspruch auf gesellschaftliche Umgestaltung abzulassen. Im Gegenteil scheint mir eher die Betonung der Seltenheit eine Fixierung auf große politische Umschwünge zu befördern, durch die die Relevanz kleinschrittiger Politik und die mit ihr verbundenen Gestaltungsperspektiven unterschätzt und entwertet werden können. Wie radikal eine Umgestaltung ist, dürfte sich empirisch deshalb oftmals eher im Rückblick als im Vollzug zeigen – dann nämlich, wenn sich viele kleine Aspekte zu einem größeren Bild zusammenfügen und das Ausmaß an Veränderungen erst sichtbar wird. Das heißt, wie hoffentlich deutlich geworden ist, keineswegs, dass sich radikaldemokratische Politik mit Kleinem zufriedengeben, aber sehr wohl, dass sie auch Kleinem große Aufmerksamkeit widmen sollte.

# 4. Dissens und Konflikt

Einem Deutungsvorschlag des englischen Ideenhistorikers Quentin Skinner folgend, müssen wir die Geschichte politischer Ideen vor dem Hintergrund politischer Konfliktkonstellationen situieren und sie als einen Deutungskampf verstehen, der Teil hat an den konflikthaften historischen Wandlungsprozessen (vgl. Skinner 2009: 7–17). Den theoriegeschichtlich dokumentierten Deutungskämpfen würden so gesehen Auseinandersetzungen über die Gestaltung sozialer und politischer Ordnungen korrespondieren. Politische Theorie wäre damit mitten im Getümmel von Auseinandersetzungen situiert, deren Ausgang ungewiss ist und die historisch in vielen Fällen gewaltsame Formen annehmen. Politik würde uns als historisch-empirisches Phänomen also häufig eng verwoben mit (gewaltsamen) Konflikten begegnen, ja vielleicht wäre sie selbst als eine Form der (auch gewaltsamen) Auseinandersetzung zu beschreiben. Skinner begreift politische Theoretiker*innen deshalb als Sprachhandelnde, die durch ihre Äußerungen in solche Auseinandersetzungen involviert sind (vgl. Skinner 2009: 146).

Einer weiter oben bereits erwähnten Beobachtung Jacques Rancières zufolge zielen die verschiedenen Entwürfe politischer Philosophien nun aber gerade darauf, nicht als eine Konfliktpartei aufzutreten, sondern sich stattdessen als Auflösung der Abfolge von Konflikten zu präsentieren, indem sie an deren Stelle den wohlbegründeten Entwurf einer institutionellen Ordnung treten lassen, der die Konflikte und Auseinandersetzungen beendet (vgl. Rancière 2002: 12). In dieser Tradition können auch viele normative Demokratietheorien der Gegenwart noch verortet werden: Wenn Habermas etwa in *Faktizität und Geltung* der Begründung des demokratischen Rechtsstaats (Habermas 1994) nachspürt oder John Rawls als Ziel und Bedingung seiner politischen Philosophie die Stabilität ausweist (vgl. Rawls 2006: 282 ff.), dann beteiligen sich beide an der Suche nach institutionellen Lösungen, die die oftmals gewaltsamen Auseinandersetzungen in zivile Formen des argumentativen Austauschs innerhalb einer institutionellen Ordnung überführen sollen. Auf den ersten Blick ist das ein höchst ehrenwertes Bemühen, denn schließlich soll so die Abfolge von Gewalt beendet und der Auseinandersetzung über politische Entscheidungen eine gewaltfreie Form gegeben werden. Es überrascht deshalb auch nicht, dass Autoren wie Rawls oder Habermas außerinstitutionelle politische Handlungsformen wie zivilen Ungehorsam so eng wie möglich an Erfordernisse der Rechtsstaatlichkeit zu binden versuchen (vgl. Rawls 1998: 399–430 und Habermas 2017, vgl. dazu kritisch: Celikates 2014).

Aus radikaldemokratischer Sicht sind solche theoretischen Einhegungsversuche aber fatal für die Praxis der Demokratie. Woher rührt diese Skepsis gegenüber der Einhegung politischer Auseinandersetzung? Und werden radikale Demokratietheoretiker*innen damit nicht, wenngleich vielleicht *nolens volens*, zu Gewaltbefürworter*innen? Die Antwort auf die Frage nach der Skepsis gegenüber politiktheoretischen Einhegungsversuchen wird uns zeigen, dass die Frage nach der Rolle der Gewalt sich nicht so einfach darstellt, wie es aus der Sicht liberaler oder deliberativer Demokratietheorien zunächst den Anschein haben könnte.

Versuchen wir uns in erster Annäherung zunächst die Argumente vor Augen zu halten, die aus radikaldemokratischer Sicht gegen die Einhegung politischer Auseinandersetzungen durch ein festes, wohlbegründetes Institutionengefüge sprechen, dann hilft ein kurzer Blick zurück auf die Überlegungen, die wir zur Kontingenz politischer Ordnungen angestellt haben (vgl. Kap. 2), sowie auf die gewaltsamen und unterdrückenden Effekte, die von diesen Ordnungen ausgehen können. Politisch-institutionelle Ordnungen sind demzufolge erstens das Ergebnis kontingenter historischer Prozesse, und es lässt sich zweitens zu keinem Zeitpunkt ausschließen, dass auch solche Ordnungen, die das Ergebnis emanzipatorischer Kämpfe sind, Ausschließungs- und Unterdrückungsstrukturen hervorbringen, gegen die es wiederum nur ein wirksames Mittel gibt: die Infragestellung gegebener politisch-institutioneller Ordnungen selbst. Wenn James Tully daher kritisch gegenüber Habermas einwendet, dass dessen deliberative Demokratietheorie keine Infragestellungen der normbegründenden Verfahren selbst mehr zulasse und dass darin ein massives demokratietheoretisches Problem bestehe (vgl. Tully 2009c: 96), dann hallt in dieser Kritik genau die besagte Auffassung wider, dass demokratische Emanzipationskämpfe keinen Halt vor gegebenen Strukturen – und seien es auch diejenigen eines demokratischen Rechtsstaats – machen können. Und machen wir uns an dieser Stelle nichts vor: Die vom egalitären Geist der Aufklärung inspirierten revolutionären Bewegungen des 18. Jahrhunderts haben zwar zu republikanisch verfassten politischen Systemen wie dem der USA oder Frankreichs geführt – auch deren Geschichte ist aber bis in die Gegenwart hinein fraglos immer auch durch institutionell gestützte Formen der rassistischen und kolonialistischen Ausbeutung und Unterdrückung, der männlichen Herrschaft und der fortdauernden Marginalisierung vieler Gruppen geprägt, die sich wirksam nur bekämpfen ließen und bis heute lassen durch politische Praktiken, die die gegebenen politisch-institutionellen Verfahren infrage stellen.

Institutionelle Ordnungen verkörpern daher aus radikaldemokratischer Sicht immer auch eine Gewaltsamkeit, der die jeweiligen Ausgeschlossenen und Unterdrückten desto ohnmächtiger gegenüberstehen, je stärker sich diese – beispielsweise in Form legitimatorischer Abschottungsstrategien – gegenüber infrage stellender Kritik zu immunisieren verstehen. Auch die Berufung auf universelle Werte und Prinzipien schützt, anders als es viele liberale und republikanische Theorien nahelegen, keineswegs vor diesen ausschließenden und unterdrückenden Effekten politischer Ordnungen und der sie tragenden normativen Prinzipien und Verfahren: Der Universalismus der Menschenrechte, der in den bürgerlichen Revolutionen des 18. Jahrhunderts Ausdruck fand und zu den genannten republikanischen politischen Ordnungen führte, die sich auf Freiheit und Gleichheit berufen, ließ sich erstens historisch offenkundig über einen langen Zeitraum recht stabil mit patriarchalischen, rassistischen und allgemein diskriminierenden Ausschließungs- und Unterdrückungsordnungen ebenso wie mit ökonomischen Ausbeutungspraktiken verbinden. Zweitens kann dieser Universalismus selbst als eine Form normativer Gewalt kritisiert werden, da er am Bild weißer, ökonomisch saturierter nordatlantischer Männlichkeit modelliert wurde, weshalb es kein Zufall ist, dass er über einen langen Zeitraum vor allem zur Privilegierung dieser Gruppe führte und bis in die Gegenwart führt.

Dieses Kapitel wird in vier Schritten die spannungsreiche Rolle von Dissens und Konflikt in radikalen Demokratietheorien ausleuchten. Dazu wird zunächst skizziert, warum Dissens und Konflikt für radikale Demokratietheorien von so großer Bedeutung sind (4.1). Darauf folgt ein Abschnitt, in dem eine in den vergangenen eineinhalb Dekaden vieldiskutierte kritische Zeitdiagnose kurz umrissen werden soll: die Diagnose von Postdemokratie und Postpolitik als einer neoliberalen Immunisierungsstrategie des ausgehenden 20. und des beginnenden 21. Jahrhunderts (4.2). Der dritte Abschnitt widmet sich der Frage, auf welche Weise die Stellung von Dissens und Konflikt verstanden werden soll: Handelt es sich bei ihnen um feststehende Merkmale einer politischen Ontologie oder widerstreitet eine solche ontologische Lesart der wesenhaft konflikthaften Verfasstheit des Politischen nicht eher den postessenzialistischen Prämissen radikaldemokratischen Denkens (4.3)? Zum Schluss des Kapitels wird schließlich noch einmal eine Frage aufgenommen, die sich bereits im Zuge der Diskussion von Politik und Politischem angedeutet hat – und zwar die Frage danach, wie das Verhältnis von radikaler Demokratie(theorie) und Institutionen(theorie) beschaffen ist (4.4).

## 4.1 Die demokratische Bedeutung von Dissens und Konflikt

Es wurde bereits mehrfach deutlich, dass die Möglichkeiten der Infragestellung und gegebenenfalls auch der grundlegenden Umgestaltung gegebener Institutionenordnungen für radikale Demokratietheorien von grundlegender Bedeutung sind. Beides – Infragestellung und Umgestaltung – ist dabei aufs Engste miteinander verbunden: Bei allen teils erheblichen Unterschieden zwischen den verschiedenen Ansätzen, die sich insbesondere in diesem Kapitel bei der näheren Ausgestaltung der Rolle, der Reichweite und der konzeptionellen Einbettung von Dissens und Konflikt zeigen werden, ließe sich als eine Art gemeinsame Schnittmenge radikaler Demokratietheorien notieren, dass für diese demokratische Politik von der Möglichkeit der Infragestellung und der Umgestaltung herrschender Verhältnisse und ihrer Rechtfertigungen abhängt. Epistemisch und ontologisch ergeben sich diese Möglichkeiten, wie wir schon herausgearbeitet haben (vgl. Kap. 2), durch die Kontingenz gesellschaftlicher Ordnungen: Radikaldemokratischen Ansätzen zufolge haben Gesellschaften keine ontologisch fixierte, stabile Essenz, weswegen sie für Infragestellungen und Umgestaltungen offen sind. Als demokratisch ließe sich dann, im Anschluss an Lefort, die epistemische Einsicht in das Fehlen solcher Gewissheiten und die daraus folgende unendliche Aufgabe einer Gestaltung gesellschaftlicher Ordnungen unter Bedingungen der Ungewissheit beschreiben. Das ist übrigens keineswegs eine Demokratiegarantie: Wenn Lefort in einer in diesem Buch schon verschiedentlich herangezogenen Überlegung nachdrücklich darauf hinweist, dass es sich stets um ein demokratisches Abenteuer handelt (vgl. Lefort 1986b und Flügel-Martinsen 2015a), dann ist damit die Möglichkeit des Scheiterns dieses Abenteuers eingeschlossen. Sich nicht auf es einzulassen würde dennoch bedeuten, die Möglichkeit demokratischer Gestaltung von vornherein aufzugeben. Wir kommen auf diese (unvermeidlichen) Selbstgefährdungen des demokratischen Abenteuers in Kapitel 6 noch ausführlicher zurück.

Im vorliegenden Zusammenhang ist zunächst von größerem Interesse, dass innerhalb solcher Demokratieverständnisse der Dissensartikulation und der Konfliktaustragung wesentliche demokratietheoretische Rollen zukommen. In einer vielzitierten Wendung bringt Étienne Balibar diese enge, ja konstitutive Beziehung einer Dissensartikulation, die auch den Konflikt mit einem gegebenen Institutionensystem nicht scheuen darf, und einer demokratischen Praxis, die nach seiner Auffassung erst diesen Namen verdient, auf den Begriff: »*Die demokratische Staatsbürgerschaft ist also konfliktgeladen oder sie ist nicht.*« (Balibar 2012: 236, Herv. i.O.) Etwas später im Text weist er dann darauf hin, dass die demokratische Praxis dabei auch nicht unerhebliche Risiken eingehen muss:

»Um sich als Gemeinschaft von Bürgern zu retten bzw. am Leben zu bleiben, muss sich die Polis in Konfrontation mit ihren eigenen Mitgliedern dem Risiko der Zerstörung oder der Anarchie aussetzen, wovor sie nichts bewahren kann, vor allem nicht die Kriminalisierung der Dissidenz oder der Versuch, in jeder Befehlsverweigerung aus Gewissensgründen gleich Verrat zu wittern.« (Ebd.: 236)

Das würden sicherlich nicht alle Denker*innen, die dem radikaldemokratischen Diskurs zugeordnet werden können, in einer solch drastischen Emphase formulieren. Aber es besteht kein Zweifel daran, dass den meisten Ansätzen radikaldemokratischen Denkens das Erfordernis einer kritischen Infragestellung nicht nur dieser oder jener Entscheidung, sondern vor allem auch der Institutionen und Verfahren klar vor Augen steht. Aus der Perspektive seiner deutlich von der Denktradition des konstitutionalistischen Republikanismus beeinflussten politischen Philosophie unterstreicht so auch James Tully nachdrücklich, dass die Reichweite der demokratischen Dissensartikulation sich auch auf die vorhandenen Verfahren richten können muss (vgl. Tully 2009c: 96). Der republikanischen Tradition ist übrigens, wie Lefort in Auseinandersetzung mit Machiavelli zeigt, durchaus die große Bedeutung des Konflikts für die Praxis republikanischer Freiheit bekannt: Weil keine, wie auch immer beschaffene, Republik das politische Problem der Freiheitssicherung im Spannungsfeld von Reichen, die zu dominieren trachten, und Armen, die nach Freiheit und Teilhabe streben, letztlich aufzulösen vermag, wird der Konflikt in bestimmter Hinsicht sogar zum Motor republikanischer Freiheit (vgl. Lefort 1992): Demokratische Freiheit ist demnach nicht in der stabilen Form einer festen Institutionenordnung zu haben, sondern sie muss stets aufs Neue in Konflikten darüber, wer auf welche Weise herrscht, aktualisiert werden und bleibt damit ebenso wie Demokratie insgesamt prekär. Lefort markiert in diesem Zusammenhang übrigens einen wichtigen Punkt, der uns gleich noch beschäftigen wird, indem er nicht für Konflikte plädiert, die in Anarchie münden, sondern betont, dass ein gewisses Maß an Übereinkunft (*concorde*) durchaus eine Rolle spielt (Lefort 1992: 167), auch wenn diese sich, wie wir nun sagen können, aus demokratietheoretischen Gründen immer wieder der Infragestellung aussetzen muss. Auch an scheinbar letztgültigen Lösungen kann eben stetig gezweifelt werden.

Die Bedeutung von Dissens und Konflikt spiegelt sich in radikaldemokratischen Diskursen schon in der grundlegenden Spannung zwischen Politik und Politischem bzw. bei Rancière zwischen Polizei und Politik, auf die wir an dieser Stelle kurz zurückblicken können: Die radikaldemokratische Dynamik richtet sich aus einer politischen Praxis, die häufig widerständige Äußerungsformen wie Proteste annimmt, gegen eine institutionalisierte Ordnung der Politik. Diese Spannung, die sich in Dissensartikulationen unterschiedlicher Intensität zum Ausdruck bringt, ist es, an der sich radikaldemokratische Praktiken entzünden können. Eine erfolgreiche Dissensartikulation führt dann zu einer Neugestaltung von bestehenden Institutionenordnungen, worin sich das demokratische Weltgestaltungspotenzial zeigt. Andreas Vasilache hat vorgeschlagen, verschiedene Intensitäten der Auseinandersetzung systematisch zu unterscheiden: Von der Artikulation von Dissens über die Austragung von Konflikten bis hin zum Kampf kann dabei das Spektrum reichen (vgl. Vasilache 2019). Wichtig ist es, auch an dieser Stelle wieder hervorzuheben, dass ein demokratisches Potenzial, das Konflikten innewohnt, nicht damit zu verwechseln ist, dass alle Konflikte per se demokratisch sind. Ganz im Gegenteil: Wie wir gegenwärtig in vielen politischen Systemen deutlich sehen, können es auch antidemokratische, rechte Bewegungen sein, die ihre politischen Aktionen in die Sprache des Widerstands kleiden und die dabei sogar nicht davor zurückscheuen, sich als bessere oder eigentliche Demokrat*innen auszugeben. Wir werden darauf an späteren Stellen zurückkommen (vgl. v. a. Kap. 6 und 7), aber wir können hier schon festhalten, dass sich die Gestaltungsoffenheit, die für radikale Demokratietheorien so wichtig ist, nur schwerlich mit rechten Phantasmen über das Wesen bestimmter Völker und Kulturen in Einklang bringen lässt. Auch neurechte Umdeutungsversuche wie der sogenannte Ethnopluralismus der Identitären Bewegungen sind nicht im Geringsten pluralistisch im radikaldemokratischen Sinne, da sie sich gerade gegen die Wandlungsfähigkeit, Kontingenz, innere Vielfalt und Offenheit von Gemeinschaften richten und die Semantik von Demokratie und Pluralismus daher nur strategisch instrumentalisieren (vgl. Mohammed 2019).

Konflikte sind also nicht als solche demokratisch, aber ihnen wohnt ein demokratisches Potenzial inne, weil in ihnen Möglichkeiten zum Widerspruch gegenüber Bestehendem und zur Neugestaltung angelegt sind. Insofern sind die Möglichkeiten zu Dissensartikulation und auch zur Konfliktaustragung konstitutiv für radikaldemokratische Praktiken: Ohne Dissens und Konflikt keine Demokratie. Das ließe sich als Credo radikaler Demokratietheorien bezeichnen und ist vielleicht auch so etwas wie ein Minimalkonsens radikaldemokratischer Ansätze, wenngleich diese daraus ganz unterschiedliche Konsequenzen ziehen, die wir uns in den folgenden Abschnitten dieses Kapitels nun noch genauer ansehen werden. Dabei wird es zum einen darum gehen zu fragen, ob Konflikte so etwas wie die ontologische Signatur des Politischen sind (vgl. 4.3), und zum anderen, worin ihr Ziel besteht: In der Aufhebung oder in der Umgestaltung bestehender Ordnungen (vgl. 4.4)? Während wir mit Blick auf diese beiden Fragerichtungen unterschiedliche Antworten kennenlernen werden, können wir als eine gemeinsame Position radikaldemokratischen Denkens wiederum festhalten, dass politisch-institutionelle Ordnungen, die Dissens und Konflikt weitgehend auszuklammern suchen, in keinem Fall als demokratisch bezeichnet werden können. Wir werden uns deshalb nun mit der kritischen zeitdiagnostischen Einschätzung, dass die neoliberale Gestaltung liberaler repräsentativ-demokratischer politischer Systeme zu einer solchen Form von Postdemokratie tendiert, beschäftigen.

## 4.2 Kritische Diagnostik: Postdemokratie und Postpolitik

Die Zeitdiagnosen, die sich mit den Begriffen von Postdemokratie und Postpolitik verbinden, lassen sich als kritisches Gegenstück zur radikaldemokratischen Betonung der Bedeutung von Dissens und Konflikt für eine demokratische Praxis verstehen. Insbesondere der Begriff der Postdemokratie hat, nachdem er um die Jahrtausendwende herum unabhängig voneinander zunächst bei Jacques Rancière (1997b) und dann bei Colin Crouch (2008) Verwendung fand, eine breite politikwissenschaftliche und öffentliche Diskussion angestoßen, die hier nicht rekonstruiert werden kann und soll (vgl. dazu Saar 2019). Der vorliegende Abschnitt verfolgt stattdessen den klar umgrenzten Zweck, die zentrale radikaldemokratische Kritik an liberalen repräsentativen Gegenwartsdemokratien zu umreißen. Hierbei sind insbesondere die Arbeiten Chantal Mouffes und Jacques Rancières von großem Interesse. Beide stützen sich auf eine kritische Zeitdiagnose, die sich aus der Kombination von zwei Überlegungen speist. Das eine Argument besteht in der bereits diskutierten radikaldemokratischen These, dass demokratische Praxis nicht ohne Dissens zu haben ist. Von dieser Überlegung machen viele radikaldemokratische Autor*innen Gebrauch, wenn sie den streitbaren, pluralistischen Charakter von Demokratie herauszustellen suchen, den sie nicht zuletzt darin sehen, dass auch umstritten ist, *was Demokratie ist und wer das wie entscheidet*. Diesen Punkt hebt auch Judith Butler emphatisch hervor, wenn sie festhält: »Demokratie spricht nicht einstimmig, sie klingt dissonant und das ist zwangsläufig so.« (Butler 2009: 358) Diese Überlegung impliziert nun zweitens, dass überall dort, wo Dissens und Konflikt verdrängt werden, auch demokratischer Praxis das Wasser abgegraben wird. Genau das ist, wie sich Mouffe und Rancière zeitdiagnostisch überzeugt zeigen, in den liberalen Gegenwartsdemokratien der Fall. Wo Demokratie, wie wir schon im vorangegangenen Abschnitt sehen konnten, aus radikaldemokratischer Sicht konstitutiv darauf angewiesen ist, dass Dissense artikuliert und Konflikte ausgetragen werden können, erleben wir in den sich selbst als demokratisch bezeichnenden Regierungssystemen der OECD-Welt stattdessen eine Politik, die auf Konsens und Notwendigkeit setzt. Mouffe zufolge ist das das Ergebnis einer neoliberalen Hegemonie, die Konflikte aus der politischen Praxis dieser Regierungssysteme zu verdrängen sucht. Mouffe nennt solche Verhältnisse postpolitisch (vgl. Mouffe 2007), weil das Politische aus ihrer Sicht von der Möglichkeit einer Austragung von Konflikten abhängt, die durch die neoliberale Hegemonie aber gerade unterbunden werden. Eine solche Situation ist, wie Rancière unterstreicht, aber auch postdemokratisch, denn statt über alternative Wege zu streiten, wird demokratische Gestaltung im Namen einer als unhintergehbar stilisierten Notwendigkeit unmöglich. Das Beiseiteschieben von Demokratie und das von Politik gehen dabei Hand in Hand: »Die Post-Demokratie muss, um den *demos* ins Abseits zu setzen, die Politik ins Abseits setzen, in die Klauen der wirtschaftlichen Notwendigkeit und der rechtlichen Regel« (Rancière 2002: 120, Herv. i. O.). An dieser Charakterisierung wird deutlich, wie sich das Postulat einer Notwendigkeit, die sich aus ökonomischen Erfordernissen ergeben soll, und einem Konsens über Verfahren, auf den Rancière mit dem Stichwort der rechtlichen Regel verweist, zu einer postdemokratischen Praxis verbinden, die politische Auseinandersetzungen zur bloßen Illusion werden lässt. Rancière hat auch in jüngeren Arbeiten nochmals unterstrichen, wie sich diese Stilisierung von Erfordernissen des Weltmarkts, die den nationalstaatlichen Politiken Notwendigkeiten diktieren, selbst unangreifbar zu machen sucht, indem sie sich als postideologische Objektivität präsentiert, während sie nach Rancières Einschätzung im Gegenteil gerade selbst eine große Erzählung ist, der es auf unscheinbare Weise gelungen ist, sich an die Stelle verabschiedeter, konkurrierender Großerzählungen wie etwa jener des Marxismus zu setzen. Während sie dabei angeblich die Figur der historischen Notwendigkeit, auf die sich die marxistische Geschichtsphilosophie gestützt hat, hinter sich gelassen hat, hat sie nach Rancières Eindruck unter dem Namen der Globalisierung und der Erfordernisse des globalisierten Marktes lediglich eine andere Form der historischen Notwendigkeit eingeführt, die sich allerdings nicht länger als solche zu erkennen gibt, auch wenn sie gerade ausgesprochen wirkmächtig ist und ebenso wie der Marxismus große Opfer (Verzicht auf Sozialleistungen etc.) für eine Zukunft fordert, die schon Gegenwart geworden ist (vgl. Rancière 2018a: 25). Mouffe teilt diese Diagnose und schlägt ihrerseits vor, die Wirkmächtigkeit des neoliberalen Narrativs hegemonietheoretisch zu deuten, sie also als das Ergebnis einer erfolgreichen hegemonialen Strategie zu verstehen, die sich ab Ende der 1970er Jahre in verschiedenen Ländern, unter den westlichen Demokratien vor allem den USA und Großbritannien, durchsetzen konnte und dann bis in die Gegenwart hinein die Politiken der Regierungen liberaler Demokratien prägt. Wie sie in *Für einen linken Populismus* rekonstruiert, ist es so etwa Thatcher in Großbritannien gelungen, ein Amalgam aus Konservatismus und Neoliberalismus in der ab Mitte der 1970er Jahre schweren Krise der sozialdemokratisch-keynesianischen Hegemonie erfolgreich zu etablieren (vgl. Mouffe 2018: Kap. 2). Eine erfolgreich etablierte Hegemonie kann, wie Mouffe darlegt, so tief in den Alltagsverstand eindringen, dass sie auch Regierungswechsel unbeschadet überlebt; die Labour Party habe so mit dem Regierungswechsel 1997 »nicht einmal versucht, die neoliberale Hegemonie infrage zu stellen« (ebd.: 43).

Insbesondere diese Widerstandsfähigkeit gegenüber Regierungswechseln und die damit verbundene parteiübergreifende Wirksamkeit der neoliberalen Hegemonie unterstreicht den postdemokratischen Charakter westlicher Demokratien, da so die Austragung von Konflikten, ja vielfach schon die Artikulation von Dissens effektiv verdrängt wird. Wendy Brown spricht hier sogar von einer schleichenden Revolution des Neoliberalismus, die zu massiven Entdemokratisierungen führe (vgl. Brown 2015). Wie Mouffe und Rancière aber bereits früh beobachtet haben, heißt das keineswegs, dass Konflikte verschwinden. Sie nehmen nur eine andere Gestalt an und werden in einem anderen, oftmals nicht-demokratischen Register ausgetragen. Beide sehen hier vor allem eine gesteigerte Wahrscheinlichkeit für die Stärkung nationalistischer und rechtsradikaler Politiken, die sich zu dem Zeitpunkt, als Rancière und Mouffe diese Überlegungen angestellt haben (vgl. Rancière 1997b und Mouffe 2007), erst andeuteten, mittlerweile aber im Lichte der zunehmenden Erfolge rechtspopulistischer und rechtsradikaler Parteien und Bewegungen zu einer traurigen Wahrheit geworden sind. Wenn die etablierten Parteien unterschiedlicher politischer Ausrichtung gleichermaßen das Narrativ des Weltmarkts und seiner Notwendigkeiten akzeptieren, dann kann es rechten Positionen leicht gelingen, sich als Alternativen zu inszenieren. Dass dabei die AfD, die den Begriff der Alternative sogar in ihren Namen aufgenommen hat, einen Wandel von einer marktliberalen Politik zu einer im Grunde völkischen Variante der Sozialstaatspolitik vollzieht, passt dabei nur ins Bild; auch der frühere Front National, der sich neuerdings in nationaldemokratischer Versammlungssemantik als Rassemblement National bezeichnet, bezieht im französischen politischen Diskurs mittlerweile eine ebenfalls strikt nationalistisch konturierte Sozialstaatsposition. Eine Krise der neoliberalen Hegemonie wird so sichtbar, und das Politische scheint in die Gegenwartsdiskurse zurückzukehren. Allerdings erleben wir seine Rückkehr nicht in Form demokratischer Dissensartikulation und Konfliktaustragung, sondern als nationalistische, xenophobe, rassistische und sexistische Politik, die rechte Gewalttaten anzustacheln versucht und leider auch tatsächlich zur Folge hat.[18]

### 4.3 Eine politische Ontologie des Konflikts?

Für radikaldemokratische Ansätze spielt, wie wir schon in Kapitel 2 sehen konnten, die Diagnose einer Kontingenz sozialer und politischer Ordnungen eine wesentliche Rolle. In Kapitel 3 wurde zudem deutlich, dass es eine Unterscheidung zwischen Politik und Politischem – bzw. im Falle Rancières zwischen Polizei und Politik – möglich macht, diese Kontingenz konzeptionell zu erfassen. Holzschnittartig ließe sich nämlich im Lichte des bislang Ausgeführten sagen, dass diese Unterscheidung es erlaubt, die historische Gewordenheit ebenso wie die zukünftige Umgestaltbarkeit gegebener politisch-sozialer Ordnungen zu beschreiben und zu analysieren. Gegebene Ordnungen werden so mithilfe des Begriffs der Politik (bzw. bei Rancière der Polizei) als Gefüge verstanden, die nicht einen wie auch immer begründeten überzeitlichen, festen Charakter aufweisen, sondern die als

Ergebnisse konkreter historischer Prozesse verstanden werden müssen. Sie stellen damit nicht die soziale oder politische Ordnung schlechthin dar, sondern nur eine unter anderen möglichen Varianten. Damit geht – das muss, um Missverständnisse zu vermeiden, unterstrichen werden – keineswegs die These von der völligen Beliebigkeit oder beliebigen Sprunghaftigkeit politischer Ordnungen einher. Im Gegenteil erweisen sich viele institutionelle Arrangements als erstaunlich stabil, was, wie wir ebenfalls gesehen haben, nicht zuletzt daran liegen dürfte, dass sie sich selbst als fest verankert zu präsentieren und eine ganze Reihe an unterstützenden Mechanismen für diese Stabilisierungsleistung zu etablieren suchen. Das können ebenso institutionelle Schutzvorkehrungen wie auch legitimierende Narrative oder eine Kombination aus beidem sein. Diese treffen wir keineswegs allein in vordemokratischen, vielfach auf politisch-theologische Legitimationsmuster gegründeten Ordnungen an, sondern sie begegnen uns, wie wir soeben an Rancières Überlegungen zum liberalen Narrativ des globalisierten Weltmarkts sehen konnten, auch in bestimmten politischen Konstellationen der Gegenwart. Gerade dadurch, dass sich dieses Narrativ mit einem gewissen Erfolg einen postideologischen, gleichsam objektiv beschreibenden Anstrich zu geben vermag, erweist es sich als besonders schwer greifbare legitimatorische Großerzählung.

Mit Rancière haben wir zudem gesehen, dass diese Ordnungen jeweils Teile ohne Anteil hervorbringen, die zwar einerseits ausgeschlossen werden, was durchaus über längere historische Phasen erfolgreich sein kann, die aber andererseits auch der stete Stachel im Fleisch einer bestehenden politisch-sozialen (Rancière: polizeilichen) Ordnung bleiben und diese infrage stellen, ja in bestimmten Konstellationen auch subvertieren können. Dieses Spannungsverhältnis zwischen Beharrungs- und Veränderungskräften spielt in unterschiedlichen Varianten in einer ganzen Vielzahl radikaldemokratischer Ansätze eine wichtige Rolle.

Zur Frage steht dabei allerdings, wie genau die Rolle von Konflikten konzeptuell zu verstehen ist. Nach meinem Eindruck lässt sich dabei eine ontologische von einer kontingenztheoretischen Lesart der Konflikte unterscheiden. Während die ontologische Lesart sehr deutlich in den Arbeiten Chantal Mouffes ausgearbeitet wird, lässt sich die kontingenztheoretische Variante, soweit ich sehe, nicht in vergleichbarer Weise ausdrücklich mit einer bestimmten Position innerhalb des Diskurses radikaler Demokratietheorie verbinden; sie lässt sich aber aus verschiedenen Annahmen zur Behandlung der Kontingenzfrage, die weiter oben bereits angesprochen wurden (vgl. Kap. 2), ableiten. Am ehesten sind hier vielleicht, wenn sie auch in dieser Frage nicht immer ganz eindeutig sind, die Arbeiten Rancières instruktiv. Im Folgenden werden diese beiden Deutungsmöglichkeiten zum einen kontrastierend gegenübergestellt, und zum anderen werde ich argumentieren, dass sich die ontologische Lesart letztlich in eine nicht auflösbare Spannung zur postessenzialistischen Grundanlage von Theorien radikaler Demokratie begibt.[19]

Chantal Mouffes Arbeiten gehören ohne Zweifel zu den einflussreichsten Beiträgen im Diskurs der radikalen Demokratie. Zwar hat der Diskurs der radikalen Demokratie eine deutlich längere Ideengeschichte[20] und sicherlich ist er, wie wir schon sehen konnten, durch einen Pluralismus an Lesarten gekennzeichnet, aber die jüngere theoriegeschichtliche und systematische Prägung dürfte das Kompositum radikale Demokratie wohl in dem Kapitel *Hegemonie und radikale Demokratie* des gleichnamigen gemeinsam von Mouffe und Laclau verfassten Buches (Laclau/Mouffe 2012) Mitte der 1980er Jahre erfahren haben. Laclau und Mouffe situieren ihre dortigen radikaldemokratischen Überlegungen entschieden in einem postessenzialistischen, die Kontingenz gesellschaftlicher Verhältnisse betonenden Theorierahmen, auf den sich Mouffe in ihren einflussreichen späteren Arbeiten zur Theorie des Politischen und der radikalen Demokratie immer wieder zurückbezogen hat. So unterstreicht sie beispielsweise in der Einleitung zu *Agonistik*, dass die »Gesellschaft [...] von Kontingenz durchdrungen« und »jede Ordnung [...] hegemonialer Natur«, also »Ausdruck von Machtverhältnissen« (Mouffe 2014: 11) ist. Während sie sich damit klar innerhalb des kontingenztheoretischen Rahmens bewegt, den wir in Kapitel 2 herausgearbeitet haben, ist die konzeptuelle Einbettung ihrer Überlegungen zur Unterscheidung von Politik und Politischem überraschend anders angelegt. Auch für Mouffe dient die Unterscheidung zwischen Politik und Politischem dazu, eine Sphäre politischer Institutionen von einer Dynamik der Instituierung, aber auch der Infragestellung und gegebenenfalls der Subversion dieser Institutionenordnung zu unterscheiden. Nun parallelisiert sie aber zunächst die Unterscheidung von Politik und Politischem mit Heideggers ontologischer Differenz, indem sie festhält, dass die »›Politik‹ sich auf die ›ontische‹ Ebene« beziehe, »während das ›Politische‹ auf der ›ontologischen‹ angesiedelt sei« (Mouffe 2007: 15). Diese konzeptionelle Parallelführung ist für sich genommen noch kein klarer Hinweis auf eine ontologische Lesart des Politischen in irgendeinem substanzialistischen oder essenzialistischen Sinne. Mouffe könnte damit auch einfach nur herausstellen wollen, dass es auf der Ebene von Politik um kontingente historische Institutionalisierungen bestimmter Ordnungen geht, während die Ebene des Politischen als ebenfalls kontingente politische Ontologie verstanden werden könnte. »Ontologisch« würde dann nicht mehr bedeuten, als dass es das Politische ist, das institutionelle Ordnungen in die Welt bringt. Sobald Mouffe aber den Begriff des Antagonismus ins Spiel bringt und erläutert, wie sie diesen versteht, ändert sich der Status dieser politischen Ontologie auf überraschende Weise. Dass sich hinter dem Begriff des Antagonismus so etwas wie eine Ontologisierung des Konflikts verbergen könnte, deutet sich schon in Mouffes Erläuterung der Differenz zwischen Politik und Politischem mithilfe des Begriffs des Antagonismus an:

»Mit dem ›Politischen‹ meine ich die Dimension des Antagonismus, die ich als für menschliche Gesellschaften konstitutiv betrachte, während ich mit ›Politik‹ die Gesamtheit der Verfahrensweisen und Institutionen meine, durch die eine Ordnung geschaffen wird, die das Miteinander der Menschen im Kontext seiner ihm vom Politischen auferlegten Konflikthaftigkeit organisiert.« (Ebd.: 16)

Hier ist das Politische offensichtlich mehr als nur die analytische Benennung einer Sphäre oder einer Dynamik, die die jeweils kontingente Gestaltung politischer Ordnungen theoretisch nachvollziehbar macht. Das Politische bekommt vielmehr bestimmte Eigenschaften zugewiesen, die sein Sein ausmachen: Es ist antagonistisch verfasst und damit, wie sich Mouffe überzeugt zeigt, seinem Wesen nach konflikthaft. In *Agonistik* notiert sie zwar, dass der Antagonismus »viele Formen annehmen und in unterschiedlichen sozialen Beziehungen zutage treten kann« (Mouffe 2014: 22/23) – in diesem Sinne ist auch das Politische kontingent verfasst, und deshalb können verschiedene hegemoniale Projekte miteinander um die Gestaltung von Gesellschaft konkurrieren. Eine feste ontologische Beschaffenheit hat das Politische aber Mouffe zufolge dadurch, dass es sich beim Antagonismus um eine Dimension handelt, »die sich niemals gänzlich eliminieren lässt« (ebd.: 23). Kontingent sind demnach die historisch variablen Formen, die antagonistische Konfliktdimensionen annehmen können, ontologisch fest steht aber zugleich, dass das Politische konflikthaft verfasst ist.

Mouffe ist hierbei keine Verherrlichung der Möglichkeit gewaltsamer Konfliktaustragungen zum Vorwurf zu machen. Im Gegenteil bewegt sich ihre gesamte Demokratietheorie im Grunde um den Versuch, das, was sie als antagonistische Verhältnisse der Feindschaft beschreibt, in eine agonistische Auseinandersetzung zwischen Gegner*innen zu überführen, die sich in der Form des demokratischen Streits und nicht des gewaltförmigen Konflikts austragen lässt (vgl. Mouffe 2014: Kap. 1). Gleichzeitig aber ist mindestens so etwas wie ein ontologischer Ballast zu konstatieren, den sich Mouffe durch die ontologische Lesart des Antagonismus aufbürdet und der sich nach meinem Dafürhalten gerade nicht in den postessenzialistischen Theorierahmen einpassen lässt, für den Mouffe sonst so emphatisch argumentiert.

Doch gibt es überhaupt eine andere Variante? Und was wäre überhaupt problematisch daran, wenn Konflikthaftigkeit ontologisch vorausgesetzt werden müsste? Die Antwort auf die zweite dieser beiden Fragen lässt sich nach meinen Eindruck schnell geben: Wenn Konflikthaftigkeit zu einer ontologischen Eigenschaft des Politischen erhoben werden müsste, würde die gestalterische politische Praxis radikaler Demokratie unversehens von einem ontologischen Grund, nämlich genau dem der Konflikthaftigkeit des Politischen abhängen. Die Dynamik des Politischen hätte dann nämlich letztlich doch einen festen Grund, der in der ontologisch-konflikthaften Verfasstheit des Politischen selbst, in seinem konstitutiv antagonistischen Charakter läge. Das wäre das ontologische Fundament der Wandlung sozialer und politischer Verhältnisse. Institutionelle Ordnungen würden so betrachtet deshalb nicht ein für alle Mal feststehen, weil sich auf einer gleichsam tieferen Ebene ein konflikthaft verfasstes Politisches befände. Radikale Demokratie wäre dann aber auf der gleichen Ebene angesiedelt wie Versuche, eine bestimmte Ordnung ontologisch zu rechtfertigen. Eine so beschaffene Theorie radikaler Demokratie würde eine bestehende Ordnung dann nicht länger infrage stellen können, weil sie deren als fest und unhinterfragbar ausgewiesenes Fundament einer kritischen Befragung auf dessen Kontingenz hin unterziehen könnte, ohne dafür selbst auf nicht-kontingente, ontologische Vorannahmen zurückgreifen zu müssen. Wir hätten es vielmehr plötzlich mit einem Streit um die Rolle, die Konturen und den Einsatzort einer substanziellen politischen Ontologie zu tun, der die Theorie radikaler Demokratie ihres entscheidenden Mittels eines unaussetzbaren Zweifels, der zu einer unnachgiebigen Praxis der kritischen Befragung und Selbstbefragung führt, berauben würde. Auch wenn es Mouffe ganz augenscheinlich fernliegt, bestimmte soziale und politische Ordnungen selbst ontologisch aufzuladen, und sie in dieser wichtigen Hinsicht postfundamentalistisch argumentiert, greift sie beim Nachweis der grundlegenden Bedeutung von Konflikten unversehens doch auf ein ontologisches Argument zurück.

Es ist hoffentlich deutlich geworden, was am Rekurs auf das argumentative Reservoir einer Ontologie, die zur Feststellung wesenhafter Merkmale führen soll, problematisch ist. Eine andere Frage ist aber, ob sich das überhaupt vermeiden lässt. Impliziert nicht allein schon die Vorstellung, dass es sich beim Politischen um eine dynamische Dimension handelt, von der aus die institutionelle Sphäre der Politik infrage gestellt wird, so etwas wie dessen ontologische Konflikthaftigkeit? Wie auch schon bei der Frage nach dem Status der Kontingenzdiagnose, bei der ich für die Variante eines spezifischen Skeptizismus argumentiert habe (vgl. 2.2), der je aufs Neue durch konkrete Infragestellungen konkreter institutioneller Ordnungen deren Kontingenz am Einzelfall aufweist, statt auf eine allgemeine quasitranszendental abgesicherte Theorie der Kontingenz zu setzen, erscheint mir auch an dieser Stelle eine größere Vorsicht gegenüber (zu) allgemeinen Annahmen zweckdienlicher zu sein. Nur durch den Verzicht auf ontologische Vorannahmen wird nämlich eine konsequent postessenzialistische Argumentation möglich, die nicht einfach auf andere transzendentale oder ontologische Annahmen setzt, als es andere politische Theorien und, zuweilen im Verbund mit ihnen, die Rechtfertigungsnarrative bestimmter politisch-sozialer Ordnungen explizit oder implizit tun, sondern die auf derartige Argumentationsfiguren einfach verzichtet.

Wird damit aber nicht die Möglichkeit der Infragestellung selbst unmöglich? Bedarf sie nicht einer ontologischen Theorie über die konflikthafte, konstitutiv antagonistische Verfasstheit des Politischen? Das scheint mir mitnichten der Fall zu sein. Konflikte spielen zweifelsohne eine Rolle, aber ebenso wenig wie eine Theorie radikaler Demokratie eine allgemeine, quasitranszendentale Theorie der Kontingenz benötigt, ist sie nach meinem Dafürhalten auf eine ontologische Theorie des Konflikts angewiesen. Konflikte über die politische Gestaltung von Gesellschaft bedürfen keiner theoretischen Fundierung durch Annahmen wie die eines konstitutiven Antagonismus, sondern sie ergeben sich aus den jeweiligen Praktiken der konkreten Infragestellungen selbst, die ein mögliches Andersseinkönnen von Ordnungen aufscheinen lassen. Die Aufgabe von radikaler Demokratietheorie scheint mir nicht darin zu liegen, eine ontologische Grundlegung zu liefern, sondern sich an der Praxis der Infragestellung zu beteiligen. Radikale Demokratietheorie ist dabei eine dekonstruktive Bewegung, die sich gerade nicht theoretisch absichern lässt. Derrida hat in seinen Arbeiten zur politischen Philosophie, die wichtige Beiträge zur radikalen Demokratietheorie darstellen, immer wieder nachdrücklich darauf hingewiesen, dass sich theoretische Absicherungen gerade nicht geben lassen, sondern dass die Dekonstruktion und, so würde ich an dieser Stelle unterstreichen, auch die dekonstruktive Befragung, zu der radikale Demokratietheorien beitragen, sich dem Unberechenbaren und Nichtabgesicherten öffnen. Offenheit gegenüber dem Ereignis, das vielleicht kommt, könnte man im Anschluss an Derrida eine solche Haltung nennen (vgl. Derrida 2003a: 124). Keine Absicherung also, die in die Zukunft hinüberragt, und auch keine, die eine mögliche Zukunft durch ontologische Absicherungen wie die Annahme konstitutiver Konflikte zu eröffnen sucht. Ereignen kann sich eine solche Zukunft dennoch, und zwar gerade nicht deswegen, weil ihre Möglichkeit abgesichert werden könnte, sondern dadurch, dass sie unmöglich ist (vgl. Derrida 2001: 73) – unmöglich nämlich in dem Sinne, dass sie sich nicht jetzt schon vorausberechnen lässt oder sich eine ontologische Annahme für ihre Möglichkeit angeben lassen könnte. Was Derrida über die Dekonstruktion schreibt, lässt sich deshalb auch auf die radikale Demokratietheorie übertragen, »daß sie keine Methode, keine Lehre, keine spekulative Meta-Philosophie sei, sondern *das, was geschieht*« (Derrida 2001: 73, Herv. i.O.). Dass sie das sind, was geschieht, macht sie keineswegs überflüssig; Dekonstruktion und radikale Demokratietheorie sind nämlich keineswegs Automatismen. Nichts wäre Derridas Überlegungen ferner, als Automatismen anzunehmen. Für eine solche Annahme würde zudem auch gar nichts sprechen, da wir historisch immer wieder lange Perioden beobachten können, in denen sich politisch-soziale Ordnungen und ihre Narrative recht wirksam der Infragestellung zu entziehen vermögen. Dekonstruktion und radikale Demokratie sind Praktiken der Infragestellung, die sich von noch so stabil abgesicherten Ordnungen nicht gänzlich ausschließen lassen. Mit ihnen ist stets zu rechnen, auch wenn sie nichts sind, dessen Möglichkeit sich theoretisch absichern ließe. In diesem Sinne sind sie das, was geschieht und was nicht vorhersehbar ist.

## 4.4 Radikale Demokratietheorie und Institutionen

Das Verhältnis von radikaler Demokratietheorie und Institutionen ist ambivalent, aber es lässt sich keineswegs, wie zuweilen der Eindruck entstehen könnte, auf eine grundsätzliche Ablehnung institutioneller oder institutionentheoretischer Perspektiven reduzieren. Zwar spielt, wie sich insbesondere anhand der Unterscheidung von Politik und Politischem gezeigt hat (vgl. Kap. 3.1), die Befragung, Infragestellung und auch Subversion bestehender institutioneller Ordnungen und Arrangements eine zentrale Rolle innerhalb des radikaldemokratischen Denkens, aber die konzeptionellen Konsequenzen, die daraus gezogen werden, lassen eine sehr große Bandbreite unterschiedlicher Positionen erkennen. Im Wesentlichen können drei verschiedene Sichtweisen unterschieden werden, die in diesem Abschnitt kurz skizziert werden. Dabei handelt es sich erstens um eine Position, die von Miguel Abensour, einem Lefort-Schüler, vertreten wird und der zufolge Demokratie und, vor allem, staatliche Institutionen in einem grundsätzlichen Spannungsverhältnis zueinander stehen, da Demokratie als rebellierende Demokratie anarchisch über den Staat hinausweist. An-archische Momente betont auch Jacques Rancière und hebt zudem ebenfalls hervor, dass Demokratie eher im Moment des Aufbrechens einer bestehenden Ordnung und nicht als Ordnung oder innerhalb einer Ordnung begriffen werden kann. Gleichwohl zielt sein Denken aber keineswegs darauf, einer Abschaffung institutioneller Ordnungen das Wort zu reden. Am stärksten auf die Bedeutung von Institutionen für eine radikaldemokratische Politik weist schließlich Chantal Mouffe hin, die politische Strategien des Rückzugs aus Institutionen einer vehementen Kritik unterzieht und stattdessen für die kritisch gestaltende Auseinandersetzung mit ihnen plädiert.

Miguel Abensour, der bis kurz vor seinem Tod mangels Übersetzungen im deutschsprachigen Raum kaum wahrgenommen wurde (vgl. Richter 2019), hat in seinem auch auf Deutsch vorliegenden Buch *Demokratie gegen den Staat* (Abensour 2012) in einer kleinteiligen Lektüre von Marx' politischem Denken und unter Rekurs auf Machiavelli und Lefort eine Theorie radikaler Demokratie umrissen. Im Anschluss an Marx' Denken der wahren Demokratie (vgl. auch Flügel-Martinsen/Friedrichs 2019: 705 ff.) und Leforts Vorstellung einer wilden Demokratie (vgl. Abensour 2012: 227 ff.) entwickelt Abensour eine Konzeption rebellierender Demokratie, die in der These kulminiert, dass Demokratie antistaatlich sei und in der Auflehnung gegen den Staat bestehe (ebd.: 12 bzw. 14). Ähnlich wie Rancière, auf den sich Abensour auch bezieht (vgl. ebd.: 14/15), versteht er unter Demokratie das Moment der Infragestellung einer bestehenden institutionellen Ordnung. Der anarchische, antistaatliche Charakter der Demokratie ergibt sich nun ihm zufolge aus dem Umstand, dass sich Demokratie nicht nur gegen die überkommene Ordnung, gegen die sie aufbegehrt und auf deren Transformation sie zielt, richten muss, sondern mindestens ebenso sehr gegen die neue staatliche Ordnung, die aus dem Aufbegehren hervorgeht:

»Wie bei der Französischen Revolution, mit den *sociétés populaires* und den *Enragés*, erhebt sie [die Demokratie] sich gleichzeitig gegen den Staat des Ancien Régime und gegen den neuen Staat *in statu nascendi*, der neue Führer an die Macht bringt, die ihrerseits das Volk beherrschen wollen.« (Ebd.: 16)

Die »Logik der Rebellion« (ebd.: 17) muss demzufolge versuchen, eine Instituierung des Gesellschaftlichen zu vollziehen, die eine staatliche Ordnung kontestiert, indem sie sie aufhebt und gleichzeitig die Etablierung einer anderen staatlichen Ordnung abwehrt. Demokratie ist Abensour zufolge daher wesentlich zu verstehen als Kampf gegen den Staat als Form, weil diese Form nach seiner Überzeugung offenbar unweigerlich eine Form der Beherrschung impliziert, gegen die sich Demokratie zur Wehr setzen muss. Diese antistaatliche Programmatik der rebellierenden Demokratie verbindet Abensour mit der sich aus der anarchistischen Tradition herschreibenden Überlegung, dass es neben dem Staat andere Formen politischer Gemeinschaft und Praxis geben kann.

Sicherlich teilen viele radikaldemokratische Ansätze die Abensour'sche Skepsis gegenüber staatlichen Institutionenordnungen bis zu einem gewissen Punkt in dem Sinne, dass radikale Demokratie immer auch die Möglichkeit umfassen muss, bestehende staatliche Ordnungen infrage stellen zu können, ja im Grunde von dieser Möglichkeit zehrt und sich aus ihr erst ergibt. Wenn man die konzeptuellen Weichen allerdings so stellt, wie es Abensour zu tun scheint, dann wird eine Unterscheidung zwischen besseren und schlechteren Staatsformen schwierig. Diese könnte aber gerade aus der Perspektive radikaler Demokratie durchaus von Gewicht sein. Wenn Rancière andeutet, dass es bessere und schlechtere Polizeien geben kann (vgl. Rancière 2002: 42), dann scheint mir dieser argumentative Zug genau von einer solchen Vorstellung getragen zu sein. Auch Rancière betont – weshalb sich Abensour ja auf ihn bezieht – den an-archischen Charakter von Demokratie: Gesellschaften haben kein solches Prinzip, keine Arché und gerade deshalb sind sie demokratisch gestaltbar. Gleichzeitig scheinen mir aber Rancières Überlegungen zu den Kämpfen der Teile ohne Anteil (vgl. Kap. 3.2) so etwas wie die Forderung nahezulegen, dass es immer auch um den Kampf um Rechte und deren Verankerung in einer staatlichen (polizeilichen) Ordnung geht. Das an-archische Moment der Demokratie wird damit nicht zum Verschwinden gebracht – eher im Gegenteil: Denn die neue polizeiliche Ordnung wird vermutlich neue, nicht im Vorhinein antizipierbare Teile ohne Anteil hervorbringen, die gegen sie aufbegehren können. Dennoch kann der demokratische Kampf gänzlich ohne Institutionalisierungsperspektive nicht gedacht werden, wenngleich es Rancière zufolge erstens nicht die Aufgabe politischer Philosophie ist, Entwürfe institutioneller Ordnungen zu formulieren, und zweitens Demokratie ihren Ort nicht in solchen Ordnungen finden kann, sondern in deren kritischer Infragestellung zur Geltung gebracht werden muss. Trotzdem gibt es bessere und schlechtere Polizeien – und mögen wir auch, wie Rancière an einer Stelle in *Der Hass der Demokratie* schreibt, nicht in Demokratien, sondern eher in oligarchischen Rechtsstaaten leben, so sind das dennoch keine Lager (vgl. Rancière 2011: 89), also keine totalitären polizeilichen Ordnungen. Sie dürften nicht zuletzt deshalb bessere Polizeien sein, weil sie sich leichter demokratischen Infragestellungen öffnen, als es autoritäre oder totalitäre polizeiliche Ordnungen tun. Dies, die Möglichkeit der Infragestellung durch den Verzicht einer Ordnung darauf, sich den Anschein einer festen, natürlich oder göttlich gewollten Ordnung zu geben, scheint übrigens auch Rancières Kriterium für die Unterscheidung besserer und schlechterer Polizeien zu sein (vgl. Rancière 2002: 42).

Gleichwohl bleibt Rancière davon überzeugt – und hierin liegt ein an-archisches Motiv seines Demokratiedenkens –, dass die Aufgabe von Demokratietheorie nicht im Entwurf von Modellen institutioneller Ordnungen, sondern in der Infragestellung solcher Ordnungen bestehen muss. Daraus folgt aber nach meinem Eindruck gerade nicht eine Forderung nach der völligen Aufhebung staatlicher Ordnungen. Den anarchistischen Traum einer herrschaftsfreien politischen Praxis scheint Rancières Variante radikaler Demokratietheorie jedenfalls nicht zu teilen, ihm dürfte es eher um die Möglichkeit der steten Umgestaltung bestehender Institutionenordnungen gehen, weil er, wie seine Kritik politischer Philosophien zeigt, gar nicht davon ausgeht, dass es politische Organisationsformen geben könnte, die nicht wiederum zum Ausschluss von Teilen ohne Anteil führen könnten.

Ganz entschieden gegen den Traum eines Rückzugs aus (staatlichen) Institutionen, wie er im zeitgenössischen anarchistischen Denken etwa von David Graeber propagiert wird (vgl. Graeber 2017a und b), richten sich schließlich die radikaldemokratischen Überlegungen Chantal Mouffes. Wie sie in *Agonistik* vor allem gegen Hardt und Negri argumentiert (vgl. Mouffe 2014: 107 ff.), sind Strategien radikaler Politik, die einen Rückzug aus Institutionen zum Ziel haben, deshalb zum Scheitern verurteilt, weil der Erfolg radikaler Politik nach ihrer Überzeugung davon abhängt, eine bestehende Hegemonie durch eine andere abzulösen (vgl. ebd.: 115). Der Rückzug hingegen sucht zwar hegemoniale Formationen zu unterlaufen, liefert sich damit der bestehenden hegemonialen Logik aber gerade aus, weil er die Möglichkeit auf eine Neugestaltung aus der Hand gibt. Räume für eine andere Politik, so ließen sich diese Überlegungen deuten, können nicht durch eine Strategie des Rückzugs gewonnen, sondern müssen durch gegenhegemoniale Kämpfe erstritten werden. Exemplarisch gesprochen wird das alternative Wohn- und Kulturprojekt auf einem besetzten Gelände auf der Grundlage einer Strategie des Rückzugs nur so lange existieren können, wie die neoliberale Koalition aus besitzliberaler staatlicher Rechtsordnung und kapitalistischem Investor das bestehende Recht nicht gegen es durchsetzt. Eine gegenhegemoniale Strategie muss deshalb nicht auf einen letztlich unmöglichen Rückzug aus diesen Ordnungen konzentriert sein, sondern eine »Desartikulation der bestehenden Hegemonie« mit »einem Prozess der Reartikulation« (ebd.: 118) kombinieren. Im Bild des obigen Beispiels gesprochen: An die Stelle einer besitzliberalen Rechtsordnung müsste eine Rechtsordnung treten, die die gemeinschaftliche Nutzung von Räumen als gemeinsame Güter fördert und deren profitorientierte Aneignung verhindert.

# 5. Die Frage nach dem Subjekt der Demokratie

Es ist nun an der Zeit, sich einer in den vorangegangenen Kapiteln bereits häufiger angesprochenen, für den Diskurs radikaler Demokratie zentralen Überlegung etwas direkter zu widmen. Radikale Demokratietheorien sind nicht zuletzt auch dadurch radikal, dass sie die Frage danach, wer das Subjekt der Demokratie ist, selbst für eine zentrale demokratische Kontroverse halten, auf die sich nicht auf theoretischem Wege eine Antwort geben lässt. Klassische Strömungen der Politischen Theorie nehmen demgegenüber häufig einen ganz anderen Weg, indem sie die Bestimmung des Subjekts der Demokratie konzeptionell vorverlagern und zum Ausgangspunkt ihrer demokratietheoretischen Überlegungen machen. So gehen liberale politische Theorien seit John Locke davon aus, dass es einzig Individuen sind, die Rechte haben, und dass der *demos* entsprechend als eine Ansammlung von individuellen Subjekten zu verstehen ist, die je einzeln gegen den Staat (vgl. Locke 1977) und gerade auch gegen das Kollektiv der demokratischen Bürgerschaft Rechte geltend machen können. John Stuart Mill fürchtet so beispielsweise eine demokratische Diktatur der Mehrheit, die die Selbstbestimmung des einzelnen Individuums zu unterdrücken tendiert: »[T]he self-government spoken of is not the government of each by himself, but of each by all the rest« (Mill 1998: 8). Entsprechend konzentrieren sich liberale politische Theorien auf die Begründung subjektiver, negativer Abwehrrechte und suchen die Reichweite politischer Entscheidungen gegenüber den subjektiven Freiheiten zu begrenzen. Für republikanische Theorien steht demgegenüber seit Rousseau die Vorstellung eines politischen Kollektivs im Zentrum. Mag diese Vorstellung auch, wie es bei Rousseau der Fall ist, von Individuen ihren Ausgangspunkt nehmen, so zielt sie dennoch auf die Begründung eines einheitlichen Kollektivsubjekts, das, wie in Rousseaus politischem Denken der Fall, gerade nicht von Kontroversen durchzogen sein darf, sondern sich entlang eines gemeinsamen Willens konstituieren soll (vgl. Rousseau 2001).[21]

Im Diskurs radikaler Demokratietheorie werden nun in mindestens zwei Hinsichten vehemente Zweifel an solchen vorgängigen Bestimmungen des Subjekts der Demokratie angemeldet. Erstens erscheint es aus einer gesellschaftstheoretischen Perspektive, für die nicht nur gesellschaftliche Ordnungen, sondern auch die Subjekte auf je spezifische Weise historisch kontingent sind, gerade hochgradig erklärungsbedürftig, wie Subjekte in spezifischen historischen Konstellationen überhaupt konstitutiert werden (5.1). Subjekte sind demnach nichts, was sich konzeptionell eingrenzen, bestimmen oder voraussetzen lassen könnte. Zweitens trifft das nicht nur auf Subjekte als Einzelpersonen, sondern *a fortiori* auf das Subjekt der Demokratie zu, weshalb die Frage nach der Konstitution des *demos* nicht als Voraussetzung demokratietheoretischer Überlegungen geklärt werden kann, sondern eine zentrale Kontroverse von demokratischer Theorie und Praxis darstellt (5.2).

## 5.1 Die Macht macht Subjekte aus uns allen

Die politische Ontologie des analytischen und normativen Individualismus nimmt ihren ideengeschichtlichen Ausgangspunkt in den Vertragstheorien von Thomas Hobbes und John Locke (vgl. dazu kritisch Flügel-Martinsen 2017a: Kap. 1.1). Diese individualistische politische Ontologie ist fraglos bis in die Gegenwart hinein sehr einflussreich. Sie wirkt nicht nur in der liberalen politischen Theorie und Philosophie fort, sondern auch in sozialwissenschaftlichen Adaptionen der Subjektvorstellung des Homo oeconomicus, so beispielsweise in den weitverbreiteten Rational-Choice-Modellen. Dennoch ist sie ideengeschichtlich kontinuierlich nicht ohne ebenfalls wirkmächtige Gegenbewegungen geblieben. Von Hegels Sozialphilosophie und Marx' kritischer Gesellschaftstheorie, die die Genese von Subjekten in sozialen Kontexten rekonstruieren, über Nietzsches genealogische Infragestellung des autonomen Subjekts der Moral bis hin zu Foucaults diskurstheoretischer und ebenfalls genealogischer Unterhöhlung der Kategorie des Subjekts zieht sich durch die Theoriegeschichte mindestens der letzten zweihundert Jahre ein steter Zweifel an individualistischen sozialen und politischen Ontologien (vgl. Flügel-Martinsen 2017a: Teil 2).

Für den Diskurs der radikalen Demokratietheorie ist insbesondere die von Foucault entwickelte Vorstellung von großem Gewicht, dass Subjekte nicht vorsozial oder vorpolitisch als Referenzkategorien analytischer oder normativer Art verstanden werden können, sondern dass vielmehr zu klären ist, wie sie in historisch spezifischen Machtkonstellationen subjektiviert, also als Subjekte in die Welt gebracht werden.[22] Foucault hat dabei vorgeschlagen, die Analyse von Macht als eine Geschichte von Formen der Subjektivierung zu untersuchen, also genealogisch zu rekonstruieren, auf welche Weise welche Subjektformen durch welche Machtpraktiken jeweils hervorgebracht werden (vgl. Foucault 2005). Macht muss dabei als produktive und nicht als untersagende Praktik verstanden werden, da sie Subjekte aktiv hervorbringt und nicht einfach bereits vorhandenen Subjekten Zwänge auferlegt. Dadurch erscheinen, nebenbei bemerkt, Freiheitsvorstellungen, wie sie der Liberalismus auf der Grundlage der Annahme eines autonomen, freiheitsfähigen Subjekts entwirft, von vornherein irrig. Subjekte werden nämlich erst im Zuge der Subjektivierung durch Machtmechanismen konstituiert und damit überhaupt handlungsfähig.

Auf den ersten Blick könnte eine solche Vorstellung von der Subjektkonstitution durch Machtverhältnisse den Eindruck nähren, dass Subjekte ihre Handlungsfähigkeit verlieren. Sie könnten wie bloße Effekte von Machtmechanismen erscheinen. Tatsächlich untersucht Foucault aber auch, wie Subjekte Widerstand gegen bestehende Machtverhältnisse leisten können, obwohl sie selbst aus diesen hervorgehen. Um Subjektformen und Machtbeziehungen zu verstehen, ist es aus seiner Sicht gerade wichtig, nicht auf naive Vorstellungen wie die eines autonomen Subjekts zu setzen, das, wie in liberalen Theorien der Fall, Ansprüche auf moralische Rechte gegen beispielsweise staatliche Macht besitzt, die dann institutionell, etwa in einem Rechtsstaat, zur Geltung gebracht werden müssen. Zu untersuchen ist vielmehr, wie das Wechselspiel zwischen Subjekten und den Machtbeziehungen, durch die sie hervorgebracht werden, zu verstehen ist. Daraus ergibt sich eine Analyse von Subjektivierungsformen und Machtbeziehungen entlang von Konflikten und Widerständen (vgl. ebd.).

Wichtig ist dabei, wie im Anschluss an Foucault insbesondere Judith Butler hervorgehoben hat, dass die Subjektivierung nicht als ein einmaliger und passiver Vorgang aufgefasst werden darf. Subjektivierungen vollziehen sich vielmehr auf einer Zeitachse gestreckt, so dass die Subjekte im Zuge der Subjektivierung jeweils Raum für abweichende, widerständige performative Praktiken haben (vgl. Butler 2001). Subjektivierung hat demnach zwei Seiten: Sie ist einerseits eine Unterwerfung unter bestehende Machtverhältnisse, andererseits lässt sie aber auch Abweichungen und Widerstände gegen diese Machtverhältnisse zu, die deren radikaldemokratische Transformation ermöglichen. Diesen letzten Aspekt einer radikaldemokratischen widerständigen Performativität hat Butler vor allem in ihren jüngeren Arbeiten zur Politischen Theorie hervorgehoben und dabei insbesondere die Frage nach dem Streit um den *demos* akzentuiert, der wir uns nun zuwenden.

## 5.2 Politische Subjektivierung und die Frage nach dem Volk

In den Aufsätzen von *Anmerkungen zu einer performativen Theorie der Versammlung* arbeitet Judith Butler heraus, dass das Volk keine festgelegte Kategorie ist, sondern vielmehr durch Grenzziehungen konstituiert wird (vgl. Butler 2016: 10 ff.), die, das haben wir schon bei der Erörterung des Begriffs der Subjektivierung gesehen, entlang von Machtverhältnissen vollzogen werden. Machtverhältnisse sind aber – dies ist eine wichtige Einsicht, die Butler von Foucault aufnimmt – immer als komplexe Konstellationen von Macht und Gegenmacht zu verstehen. Mit Blick auf den Begriff des Volkes heißt das, dass die gemeinsame performative Praxis, die in politischen Protestformen vollzogen wird, einerseits als »eine verkörperte Form des Infragestellens« (ebd.: 17) dominanter bestehender politischer Vorstellungen verstanden werden kann, dass aber andererseits solche Versammlungen »nie die Gesamtheit des Volkes repräsentieren« (ebd.: 203) können, sondern vielmehr Teil des Konfliktes darüber sind, wer das

Volk ist. Wir können daher zugleich die Ambivalenz, aber auch das radikaldemokratische Potenzial solcher Praktiken sehen: Sie können Gegenmachtartikulationen gegenüber bestehenden Machtverhältnissen sein und diese transformieren, wie Beispiele wie der Kampf um das Frauenwahlrecht oder die Schwarze Bürgerrechtsbewegung zeigen. Aber nicht jede dieser Gegenartikulationen muss eine demokratische Form annehmen. Wenn etwa Bewegungen wie Pegida, auf die Butler selbst als Negativbeispiel zu sprechen kommt (vgl. ebd.: 9), xenophobe Selbsternennungen als *das* Volk, das sie zu sein beanspruchen, vornehmen, dann handelt es sich dabei nicht um eine demokratische Praxis. Stattdessen ist das eine rechtsradikale Instrumentalisierung der demokratischen Semantik, weil sie sich nicht an einem deutungsoffenen und pluralistischen demokratischen Streit beteiligen möchten, sondern eine substanzielle kulturrassistische und ultranationalistische Vorstellung des Volkes in einer gewaltverherrlichenden Sprache – der immer häufiger auch Taten folgen – gegen abweichende Positionen, deren Eliminierung sie fordern, in Stellung bringen. Während die Frauenbewegung oder die Schwarze Bürgerrechtsbewegung um eine inklusivere Gestaltung des *demos* kämpfen, fordern rechtsgerichtete Gruppierungen im Gegenteil eine völkische und rassistische Exklusion.

Wie wichtig trotz dieser Ambivalenzen des Rekurses auf die Kategorie des Volkes die politische Subjektivierung für demokratische politische Neugestaltungen ist, unterstreicht Jacques Rancière. Wir haben bereits gesehen, dass dieser eine gegebene polizeiliche Ordnung als eine herrschende Aufteilung des Sinnlichen versteht, die darüber entscheidet, wer welchen Platz einnimmt, wer gehört und wessen Rede nur als Lärm wahrgenommen wird (vgl. Kap. 3.2). Demokratische Politik besteht nun genau darin, diese »sinnliche Gestaltung« (Rancière 2002: 41) aufzubrechen:

»Die politische Tätigkeit ist jene, die einen Körper von dem Ort entfernt, der ihm zugeordnet war, oder die die Bestimmung eines Ortes verändert; sie lässt sehen, was keinen Ort hatte, gesehen zu werden, lässt eine Rede hören, die nur als Lärm gehört wurde.« (Ebd.: 41)

Die entscheidende Frage ist nun, wie diese Tätigkeit des Aufbrechens einer bestehenden polizeilichen Ordnung, die Rancière an einer späteren Stelle des *Unvernehmens* auch explizit als Demokratie bezeichnet (vgl. ebd.: 108), überhaupt vollzogen werden kann. An dieser Stelle kommt die politische Subjektivierung ins Spiel, denn sie ist es, die politisches Handeln, das für Rancière wesentlich eine Neuaufteilung des Sinnlichen darstellt, überhaupt erst möglich macht. Wichtig ist dabei eine Beobachtung, die uns bereits von Foucaults Subjekttheorie her bekannt ist, dass es sich nämlich keineswegs um eine *creatio ex nihilo* handelt, sondern dass eine Umgestaltung stattfindet. Rancière beschreibt das mithilfe des Begriffs der Ent-Identifizierung (*désidentification*) (vgl. ebd.: 48). So gibt es, wie Rancière ausführt, bereits vor der politischen Subjektivierung der Frauen- oder der Arbeiter*innenbewegung Frauen und Arbeiter*innen. Sie nehmen jedoch einen Platz in der herrschenden polizeilichen Ordnung ein, der ihnen einen Anteil an dieser vorenthält. Von dieser ausgeschlossenen Position reißen sie sich durch eine politische Subjektivierung los, indem sie sich als Teil ohne Anteil subjektivieren. Von dieser Subjektposition aus können sie gemeinsame Forderungen artikulieren und so die gegebene Aufteilung des Sinnlichen und damit auch die Art und Weise, wer auf welche Weise welche Zugehörigkeit hat oder nicht hat, infrage stellen. Zu denken ist hier an Beispiele wie jenes Auguste Blanquis, der, wie Rancière beschreibt (ebd.: 49), 1832 vor Gericht auf die Frage nach seinem Beruf *Proletarier* angibt und damit zur Konstitution des politischen Subjekts des Proletariats beiträgt; jenes Olympe de Gouges', an deren feministische politische Aktivität während der Französischen Revolution Rancière in *Der Hass der Demokratie* erinnert (vgl. Rancière 2011: 73); oder auch an das Rosa Parks', der Schwarzen Frau, die 1955 nicht auf den in der rassistischen Aufteilung des öffentlichen Raumes für Schwarze vorgesehenen Sitzplätzen im Bus bleibt und damit zur politischen Subjektivierung der Schwarzen Bürgerrechtsbewegung beiträgt, worauf Rancière ebenfalls hinweist (vgl. ebd.: 74/75).

Das Aufbrechen einer gegebenen Ordnung zielt dabei, wie wir bereits weiter oben in der Erörterung des Verhältnisses von radikaler Demokratie und Institutionen sehen konnten (vgl. Kap. 4.4), nicht auf eine endgültige Aufhebung von Ordnung überhaupt, sondern auf eine Neuaufteilung (vgl. Rancière 2002: 52). Politische Subjektivierungen sind Konflikte über bestehende Ordnungen und deren Regeln. Das berührt immer auch Fragen der Zugehörigkeit, so dass politische Subjektivierungen und die durch sie ausgetragenen Konflikte stets auch Auseinandersetzungen über die Gestalt des *demos* sind. Allerdings können auch Neuaufteilungen, die das Ergebnis emanzipatorischer politischer Kämpfe sind, selbst wieder zum Gegenstand weiterer Auseinandersetzungen werden.

Eine solche Dynamik der politischen Auseinandersetzung über die Gestaltung der herrschenden Ordnung spielt auch in den Arbeiten von Ernesto Laclau und Chantal Mouffe eine wesentliche Rolle. Beide reflektieren diese Dynamik politischer Kämpfe zudem explizit entlang der Frage nach der politischen Konstitution des Volkes. Da bei beiden aber eine sehr spezifische Populismustheorie für die Exposition ihrer Überlegungen wesentlich ist (vgl. Laclau 2005 und Mouffe 2018), wenden wir uns ihnen im nächsten Kapitel zu, in dem wir uns mit der Beziehung von radikaler Demokratietheorie und Populismus beschäftigen werden.

# 6. Die populistische Versuchung

Kaum ein Begriff hat in jüngeren sozialwissenschaftlichen und öffentlichen Debatten eine ähnliche Hochkonjunktur erlebt wie der des Populismus. Trotz einer Vielzahl an Versuchen, diesen Begriff einzugrenzen (vgl. Müller 2016, Jörke/Selk 2017), erweist er sich schon deshalb als schillerndes Konzept, weil er mindestens ebenso eine analytische Kategorie wie einen politischen Kampfbegriff darstellt, wobei diese beiden Dimensionen häufig durchaus unscharf ineinander übergehen können.

Wenn nun also das Verhältnis von radikalen Demokratietheorien und Populismus diskutiert wird, dann liegt es angesichts der Komplexität, die die sozialwissenschaftliche Populismusdiskussion mittlerweile erreicht hat, auf der Hand, dass nicht einfach *en passant* eine Begriffsklärung vorgenommen werden kann. Deswegen wird es in diesem Kapitel stattdessen darum gehen, unterschiedliche Beziehungs-, aber auch Spannungsverhältnisse von radikalen Demokratietheorien und Populismus zu umreißen, die sich nicht einfach in ein konsistentes Bild bringen lassen und in denen jeweils verschiedene Verständnisse und Verwendungsweisen von Populismus sichtbar werden.

Bei aller Vorsicht gegenüber einem voreiligen Versuch, Populismus auf den Begriff zu bringen, ist es mir wichtig zu unterstreichen, dass Populismustheorien, die einen gemeinsamen Oberbegriff des Populismus zu gewinnen versuchen (vgl. etwa

Müller 2016), der dann gleichsam das begriffliche Dach für Rechts- und Linkspopulismus bilden soll, wichtige ideologische Unterschiede zwischen linken und rechten Positionen unterschlagen. Diese scheinen mir in Zeiten einer unübersichtlicher gewordenen politischen Landschaft dennoch markant zu sein, und in ihrem Lichte ist es hochgradig problematisch, Rechts- und Linkspopulismus gemeinsam entlang des Oberbegriffs Populismus zu klassifizieren. Während rechtspopulistische politische Strömungen nämlich auf ein substanzielles, in der Regel mindestens nationalistisches, häufig auch rassistisches Verständnis des Volkes rekurrieren, ist dies bei linkspopulistischen Bewegungen keineswegs notwendig der Fall. Das macht einen Unterschied ums Ganze, der es unsinnig, ja problematisch erscheinen lässt, beide in irgendeinem aufschlussreichen Sinne durch die angeblich gemeinsame Eigenschaft des Populismus zu kennzeichnen. Die Rechts-links-Unterscheidung ist deshalb nach meiner Überzeugung auch vor dem Hintergrund einer fraglos komplexer gewordenen politischen Welt weiterhin von Bedeutung. Positionen, die auf die Exklusion von Gruppen, insbesondere entlang substanziell gedeuteter Zugehörigkeitskriterien wie nationaler oder kultureller Zugehörigkeit, setzen oder diese akzeptieren, müssen als rechte Positionen bezeichnet werden – unabhängig davon, welche politischen Forderungen sie, etwa in sozialpolitischer Perspektive, sonst noch erheben. Das bleibt meines Erachtens ein deutlicher Unterschied zwischen links und rechts, der allein es schon sinnvoll, ja unabdingbar erscheinen lässt, an dieser Unterscheidung festzuhalten, mag sie auch von einer zunehmenden Zahl politischer Akteur*innen nicht mehr zur Selbstbeschreibung herangezogen werden. Teils ist das sogar gerade ein Grund, sie weiterhin zu verwenden, denn insbesondere rechtsgerichtete Parteien versuchen derzeit durch die Vermeidung der Selbstbeschreibung als rechts neue Wähler*innengruppen zu erschließen. Man denke hier nur an die Neupositionierungsversuche – inklusive der Wahl des neuen Namens Rassemblement National – des früheren Front National unter Marine Le Pen. Weiter unten werde ich argumentieren, dass linkspopulistische Positionen, die sich auf das nationale Zugehörigkeitsgefühl als wichtigen Referenzpunkt beziehen, bei eingehender Betrachtung von rechtspopulistischen Denkfiguren Gebrauch machen, weshalb sich dann nachdrücklich die Frage stellt, wie links sie in solchen Fällen eigentlich sind.

Der Rekurs auf einen nationalistischen, in seinen Konsequenzen xenophoben Begriff des Volkes in rechtspopulistischen Bewegungen wird uns in einem ersten Schritt beschäftigen (6.1). Hier wird sich rasch zeigen, dass rechtspopulistische Positionen zwar gerne auf die demokratische Semantik zurückgreifen, aber keineswegs demokratisch oder gar radikaldemokratisch sind. In einem zweiten Schritt werden wir uns mit einer radikaldemokratischen Kritik an der Etikettierung politischer Bewegungen als populistisch beschäftigen, die darauf zielt, deren Forderungen zu disqualifizieren (6.2). Der dritte Abschnitt bringt dann noch einmal eine ganz andere Perspektive ins Spiel: In ihm wird es darum gehen, kurz Laclaus Populismustheorie zu skizzieren, der auf den Begriff des Populismus als analytische Kategorie zurückgreift, um die Bedeutung der Konstruktion popularer Identitäten in hegemonialen Kämpfen zu erörtern (6.3). Der letzte Abschnitt diskutiert dann schließlich Mouffes radikaldemokratisches Plädoyer für einen linken Populismus (6.4).

## 6.1 Warum Rechtspopulismus weder demokratisch noch radikaldemokratisch ist

Wir haben in den ersten Kapiteln dieses Buches die unter anderem von Claude Lefort vertretene und für den Diskurs radikaler Demokratie zentrale Überlegung kennengelernt, dass Demokratie nicht einfach als Staatsform oder Regierungssystem verstanden werden kann, sondern dass es sich um eine Gesellschaftsform handelt, die sich durch die Reflexion der eigenen Grundlosigkeit in sozialen Praktiken auszeichnet. Demokratische Gesellschaften sind deshalb in der Beschreibung Leforts jenseits fester epistemischer, normativer und institutioneller Gewissheit situierte, kontingente Gebilde (vgl. Kap. 1 und 2). Aus dieser Grundlosigkeit ergibt sich nun die Möglichkeit demokratischer Praktiken, die allerdings stets prekär bleiben, weil sie sich gerade nicht auf höhere Gründe zurückführen lassen. Demokratie muss deshalb, auch das haben wir ausgiebig diskutiert, als ein Abenteuer verstanden werden, das scheitern kann. Eine Variante dieses Scheiterns, die Lefort als Zeitgenosse vor Augen steht, ist der Übergang in den Totalitarismus (vgl. Lefort 1990a: 47f., 2007a: 468 und 2007b: 561). Wichtig für unseren vorliegenden Zusammenhang ist nun, dass sich die Möglichkeit dieses Übergangs aus einer Folge der demokratischen Kontingenz selbst ergibt. Wir haben die demokratische Kontingenz bislang vor allem als Möglichkeit der demokratischen Gestaltung kennengelernt. Die Kontingenz bringt aber als soziale Erfahrung auch die andere Seite des Verlusts von Gewissheit mit sich, auf die das, was Lefort die totalitäre Versuchung nennt (vgl. Lefort 2007b: 561), eine mögliche Reaktion darstellt. Totalitarismen versuchen, so gesehen, Fülle und Gewissheit dort wiederherzustellen, wo sich die Kontingenz und Gestaltungsoffenheit als Erfahrung des Mangels bemerkbar macht. Eine wesentliche Figur der Fülle oder der

Füllung, die Lefort zufolge Totalitarismen gegen die gesellschaftliche Teilung in Stellung bringen, begegnet uns dabei heute bei rechtspopulistischen Positionen wieder. Sie besteht in der – nach Leforts Auffassung phantasmatischen – Vorstellung, dass sich so etwas wie ein substanzielles Volksganzes oder eine Volkseinheit (*Peuple-Un*, Lefort 2007a: 468) gewinnen lässt, die die verlorene Einheit und Fülle wiederherzustellen in der Lage ist. Mir scheint es hier wiederum wichtig zu sein, rechte und linke Varianten zu unterscheiden, auch wenn, wie die Beispiele des Nationalsozialismus und des Stalinismus zeigen, historisch beide zur Vernichtung von Millionen von Menschenleben geführt haben. Während aber die linke Variante des Totalitarismus zumindest ideologisch inklusiv ist, zielt die rechte Version schon konzeptionell auf die Unterjochung und Vernichtung all derjenigen, die aus ideologisch grundsätzlichen, nämlich völkischen und rassistischen Gründen nicht Teil der Einheit sein können. Die Abwertung, die zur Unterdrückung und Vernichtung führt, ist rechten Anschauungen inhärent, weswegen sie grundsätzlich menschenverachtende Dimensionen aufweisen. Bei linken Anschauungen ist dies eben nur in bestimmten Gestalten – totalitären oder extremistischen – der Fall, während sie per se keineswegs menschenverachtend sind. Dies ist ein wesentlicher Unterschied, der im heutigen liberalen und konservativen politischen Diskurs über Rechts- und Linksradikalismus nur allzu gerne übersehen wird, der aber von großer Wichtigkeit ist, weil in dem einen Fall die Anschauung als solche menschenverachtend ist, während es in dem anderen Fall lediglich bestimmte Ausprägungen sein können.

Das Phantasma einer substanziellen Identität ist es nun, das heutige rechtspopulistische politische Strömungen in der Form eines substanziellen, zumeist nationalistisch und xenophob angelegten Volksbegriffs, den sie gerne als demokratisch zu präsentieren suchen, in den politischen Diskurs einspeisen. Wie wir aber im vorangegangenen Kapitel gesehen haben, ist ein solcher Begriff des Volkes gerade nicht demokratisch, sucht er doch den demokratischen Streit darüber, was das Volk ist, mithilfe der festen Verankerung in einer angeblich stabilen und evidenten nationalen oder kulturellen Identität zu verdrängen. Rechtspopulist*innen akzeptieren daher weder Pluralismus noch gleiche Rechte, sondern setzen vielmehr konstitutiv auf den Ausschluss bestimmter Gruppen, denen Rechte gerade vorenthalten werden sollen:

»Rechtspopulisten gehen auf die Forderung von Gleichheit nicht ein und konstruieren ein ›Volk‹, das zahlreiche Kategorien ausschließt, darunter in der Regel Einwanderer, da diese als Bedrohung für die Identität und den Wohlstand der Nation angesehen werden.« (Mouffe 2018: 35)

Es ist deshalb kein Zufall, dass mit rechtspopulistischen Bewegungen Redeweisen wie die von Volksverrätern, beispielsweise im Diskurs der AfD in Deutschland, wieder Einzug in politische Debatten halten. Rechtspopulistische Positionen sind ebenso nationalistisch wie xenophob und pluralismusfeindlich, weil sie keine demokratische Auseinandersetzung führen, sondern im Gegenteil Schluss zu machen suchen mit der politisch-demokratischen Auseinandersetzung. Meinungsvielfalt wird von Rechtspopulist*innen daher regelmäßig nur für die Berechtigung der eigenen Meinung reklamiert, während andere Positionen und deren Vertreter*innen ausgeschaltet werden sollen – dieser rechten Hassrhetorik folgen zudem immer häufiger auch physisch gewaltsame Übergriffe. Nicht zuletzt verwechseln Rechtspopulist*innen und Rechtsradikale das Recht auf Meinungsfreiheit mit einem exklusiv für sich beanspruchten Recht, Meinungen zu äußern, ohne dass diesen widersprochen wird. Wir haben es deshalb insgesamt, wie sich unschwer erkennen lässt, mit klaren Fällen einer Instrumentalisierung demokratischer Semantiken zu tun. Der Begriff Rechtspopulismus ist deshalb vielfach eine Verharmlosung, denn er kann den Rechtsradikalismus verdecken, in den solche Bewegungen nicht selten übergehen, wie es derzeit augenscheinlich in Deutschland bei der AfD der Fall ist.

## 6.2 Der Populismusvorwurf als (neo-)liberale Delegitimierungsstrategie

Während rechtspopulistische Positionen, wie wir sehen konnten, einer scharfen radikaldemokratischen Kritik unterzogen werden können und müssen, folgt daraus keineswegs, dass alle Positionen, die in der politischen Auseinandersetzung von unterschiedlichen Seiten als populistisch bezeichnet werden, aus radikaldemokratischer Perspektive gleichermaßen zu verwerfen sind. Aus radikaldemokratischer Sicht kann es nämlich zuweilen auch geboten sein, Populismusvorwürfe kritisch zu hinterfragen. Dies ist, wie beispielsweise Rancière in *Der Hass der Demokratie* argumentiert, dann erforderlich, wenn der Vorwurf des Populismus aus einer politisch und ökonomisch hegemonialen Position erhoben wird, um damit Dissensartikulationen zu delegitimieren. Rancière analysiert in *Der Hass der Demokratie* die liberalen repräsentativen Demokratien der Gegenwart als oligarchische Systeme, in denen die »Vermählung des Reichtumsprinzips mit dem Wissensprinzip [...] die neue oligarchische Legitimität begründet« (Rancière 2011: 94). Damit spielt er auf eine nach seiner Einschätzung bestehende Allianz zwischen den Interessen mächtiger ökonomischer Akteure und wissenschaftlicher Expertise an, welche politische Maßnahmen wissenschaftlich zu untermauern sucht, die ökonomischen Interessen von Großunternehmen in die Hände spielen. Zeitdiagnostisch lässt sich hier an die wirtschaftswissenschaftliche Flankierung neoliberaler Reformpolitiken denken, die etwa im Deutschland der Jahrtausendwende als einzig mögliche Reaktion auf die Erfordernisse globalisierter Märkte präsentiert wurden, oder an die ebenfalls wirtschaftswissenschaftlich untermauerte austeritätspolitische Reaktion auf die Banken- und Währungskrise ab 2008, die insbesondere südeuropäische Staaten und deren Bevölkerungen massiven Spardiktaten unterworfen hat.

Rancière argumentiert nun, dass die Kritik an dieser Allianz aus politischer, ökonomischer und wissenschaftlicher Elite gerne pauschal unter Zuhilfenahme der Etikettierung als populistisch disqualifiziert wird (vgl. ebd.: 96f.). Aus Rancières Perspektive, das wurde in den vorangegangenen Kapiteln bereits mehrfach angesprochen, gibt es demgegenüber keine Notwendigkeiten globalisierter Märkte. Nach seiner Einschätzung handelt es sich bei der Rede von der Notwendigkeit stattdessen um ein neoliberales Legitimationsnarrativ, das hinter dieser Unvermeidlichkeitsrhetorik die Beförderung spezifischer Interessen zu verbergen sucht, indem es sich so inszeniert, als wäre es nicht nur eine weitere hegemoniale Erzählung (vgl. Rancière 2018b: 25ff.).

Rancière sieht dabei sehr wohl, dass sich eine solche Kritik der Verwendung des Begriffs Populismus auf einem schmalen Grat bewegt, da einige der als populistisch bezeichneten politischen Bewegungen, wie in Frankreich das Rassemblement National, fraglos nationalistisch, rassistisch und xenophob sind. Allerdings zieht er in Zweifel, ob es eine analytisch und kritisch sinnvolle Verwendungsweise des Begriffs Populismus gibt. Dieser ist aus seiner Sicht nicht geeignet, »eine bestimmte politische Kraft zu bezeichnen«, sondern habe die fragwürdige Funktion, »die politischen Kräfte von der extremen Rechten bis zur radikalen über einen Kamm zu scheren« (Rancière 2017: 98), wodurch wichtige politische Differenzen unterschlagen würden. Chantal

Mouffe schlägt demgegenüber vor, zwischen Rechts- und Linkspopulismus zu unterscheiden. Während die rechtspopulistische Kritik am Neoliberalismus dabei abzulehnen sei, weil sie sich auf ein nationalistisches Volksverständnis stütze, das auf Ausschlussforderungen basiere, plädiert sie, wie wir im übernächsten Abschnitt sehen werden (vgl. Kap. 6.4), für eine linkspopulistische Politik (vgl. Mouffe 2018: 34 f.).

## 6.3 Die Konstruktion popularer Identitäten

Die Beziehungen zwischen radikaldemokratischen Ansätzen und dem Populismus sind vielfältig: Radikaldemokratische Argumente können, wie wir gesehen haben, dazu dienen, rechtspopulistische Vereinnahmungen demokratischer Begriffe zurückzuweisen, und mit ihrer Hilfe können auch neoliberale Delegitimierungsstragien, die sich auf den Begriff des Populismus stützen, kritisch hinterfragt werden – was schließlich die Vorstellung, ob überhaupt von einem einheitlichen Begriff des Populismus die Rede sein kann, zweifelhaft werden lässt. Ernesto Laclau schlägt demgegenüber vor einem hegemonietheoretischen Theoriehintergrund eine analytisch klar umrissene Verwendungsweise des Begriffs Populismus vor, die er in seiner Studie *On Populist Reason* (Laclau 2005) umfangreich ausarbeitet.

Laclau hat gemeinsam mit Chantal Mouffe den Begriff der radikalen Demokratie im Wesentlichen in die postmarxistischen Theoriediskussionen der Gegenwart eingespeist (vgl. Laclau/Mouffe 2012: 189 ff.). Um seine Überlegungen zum Begriff des Populismus richtig einzuordnen, ist es aber wichtig, zwischen dem radikaldemokratischen Theorierahmen im engeren und dem hegemonietheoretischen Ansatz im weiteren Sinne zu unterscheiden. Während Laclau und Mouffe mit radikaler Demokratietheorie auf eine postmarxistische politische Theorie verweisen, die es ermöglichen soll, emanzipatorische politische Kämpfe in ihrer Pluralität zu verstehen und zu befördern, statt diese auf orthodox-marxistische Weise politik-ökonomisch engzuführen, handelt es sich bei der Hegemonietheorie um eine analytisch deutlich breiter angelegte Gesellschaftstheorie des Politischen. Vereinfacht gesagt, markiert radikale Demokratie den Rahmen, innerhalb dessen die pluralistischen emanzipatorischen Kämpfe situiert werden können, während die Hegemonietheorie ein allgemeines Analyseraster für die Untersuchung politischer Kämpfe und ihrer Logiken bereitstellen soll. Die Überlegungen, die Laclau in *On Populist Reason* anstellt, haben zwar konzeptionelle Folgen für radikaldemokratische Strategien, aber sie werden erst vor dem weiteren hegemonietheoretischen Rahmen verständlich. Es würde deutlich zu weit führen, Laclaus Populismus- und Demokratietheorie hier vor dem Hintergrund seines hegemonietheoretischen Ansatzes zu entfalten. Wir werden uns daher auf eine kurze Skizze beschränken müssen, die bis zu dem Punkt ausgeführt wird, an dem sichtbar wird, welche Folgen Laclaus Populismusbegriff für die radikaldemokratischen Überlegungen hat, die er und Chantal Mouffe angestellt haben.[23]

Schon in *Hegemonie und radikale Demokratie* hat Laclau gemeinsam mit Mouffe dafür argumentiert, die Konstitution von Gesellschaft wesentlich als politischen Prozess zu verstehen, der sich mithilfe einer Theorie hegemonialer Kämpfe rekonstruieren lässt. Hegemonie ist so der analytische Schlüssel, um zu verstehen, wie in einer grundsätzlich kontingenten Welt eine bestimmte und durchaus auch stabile Institutionenordnung etabliert werden kann. Sie ist, so das Grundargument, als Ergebnis hegemonialer politischer Kämpfe zu verstehen. Was uns als soziale und politische Ordnung der Gesellschaft gegenübertritt, zeugt deshalb vom Erfolg eines hegemonialen Projekts. Im Anschluss an

Gramsci weisen Laclau und Mouffe darauf hin, dass eine hegemoniale Ordnung dann am stabilsten ist, wenn die von ihr nahegelegten Sichtweisen als selbstverständlich erscheinen, wenn sie, mit Gramsci gesprochen, zum Alltagsverstand geworden sind (vgl. Gramsci 1994: 1375–1398).

Nun ist die entscheidende Frage, wie eine solche hegemoniale Ordnung etabliert werden kann. Dazu gehört immer auch die Frage, auf welche Weise eine bestehende hegemoniale Ordnung erfolgreich kontestiert zu werden vermag. Laclau argumentiert in *On Populist Reason*, dass die Logik hegemonialer Kämpfe erst mithilfe einer Theorie des Populismus verständlich gemacht werden kann. Der entscheidende Punkt seiner Populismustheorie liegt dabei darin, dass er mit dem Begriff des Populismus nicht – wie die meisten gegenwärtig geläufigen Populismustheorien – eine bestimmte, von nicht-populistischen Politiken unterschiedene politische Strategie bezeichnet, sondern ihn für ein wesentliches Element aller politischen – hegemonialen – Strategien hält. Laclau zeigt sich davon überzeugt, dass der Erfolg politischer Kämpfe um Hegemonie davon abhängt, ob es gelingt, eine politische Identität zu begründen, die keineswegs vorausgesetzt werden kann, sondern erst erzeugt werden muss.[24] Diese Operation muss nach seiner Überzeugung so vollzogen werden, dass die dadurch konstituierte Identität, auch wenn sie es in einem ontologischen Sinne nicht ist, wahrgenommen wird »as the only legitimate totality« (Laclau 2005: 81).

Laclau versteht vor diesem Hintergrund alle in einem ernsthaften Sinn als politisch zu bezeichnenden Bewegungen in ihrer Struktur als populistisch: Sie können nämlich nach seiner Überzeugung nur dann einen gegenhegemonialen Kampf führen und gewinnen, wenn es ihnen gelingt, eine Identität zu erzeugen, die erfolgreich beansprucht, als das Ganze zu gelten – so, wie es in Marx' Vorstellung des Proletariats, die Laclau hier auch vor Augen steht, der Fall ist, wenn Marx das Proletariat als Verkörperung des allgemeinen Unrechts bezeichnet und damit die These verbindet, dass eine Befreiung der Arbeiterklasse als allgemeine Befreiung verstanden werden muss.

Für die Theorie radikaler Demokratie folgt daraus, dass auch radikaldemokratische Forderungen in dieser populistischen Form artikuliert werden müssen, um ernsthafte Aussichten auf Erfolg haben zu können. Laclau verweist in *On Populist Reason* an dieser Stelle auf die demokratietheoretischen Überlegungen Chantal Mouffes (vgl. Laclau 2005: 166–169). Mouffe hat ihre Überlegungen in ihren jüngsten Arbeiten selbst in einem explizit politisch-strategischen Sinne als linkspopulistisch deklariert (vgl. Errejón/Mouffe 2016 und Mouffe 2018). Ihnen wenden wir uns nun zum Abschluss dieses Kapitels zu.

## 6.4 Für einen linken Populismus?

Innerhalb des Diskurses der radikalen Demokratietheorie zählt Chantal Mouffe fraglos zu denjenigen Autor*innen, die sich nicht auf die Akzentuierung des aufbrechenden Charakters radikaldemokratischer Interventionen beschränken. Im Gegenteil hat sie einen Großteil ihrer demokratietheoretischen Überlegungen der Reflexion eines für demokratische Auseinandersetzungen geeigneten Rahmens gewidmet, der nach ihrem Eindruck im Modell einer agonistischen Demokratie besteht (vgl. Mouffe 2008). Wir haben ihre Unterscheidung zwischen Antagonismus und Agonismus und deren radikaldemokratischen Sinn, Auseinandersetzungen im Modus der Feindschaft in den der demokratischen Gegnerschaft zu überführen, bereits weiter oben kennengelernt (vgl. Kap. 3.1 und 4.3). Während diese demokratietheoretischen Überlegungen nicht auf eine bestimmte politische Position oder Bewegung fokussiert sind, sondern stattdessen dazu dienen, einen möglichen Kontext der demokratischen Auseinandersetzung zwischen verschiedenen, gegnerischen Positionen auszuloten, gibt es in Mouffes Arbeiten eine andere Denklinie, die explizit darauf zielt, ein bestimmtes politisches Projekt voranzutreiben und die Möglichkeiten und Bedingungen seines Erfolgs zu erkunden. In Kapitel 4.4 haben wir so sehen können, dass Mouffe für eine radikale Politik plädiert, deren Ziel nicht in der Auflösung, sondern in einer kritischen Auseinandersetzung mit Institutionen besteht, die auf deren linke Transformation zielt. Im Hintergrund dieser Versuche einer Revitalisierung linker Politik stehen die gemeinsam mit Ernesto Laclau in *Hegemonie und radikale Demokratie* entwickelten hegemonietheoretischen Überlegungen, die den Erfolg politischer Projekte vom Gelingen einer institutionellen diskursiven Transformation abhängig machen. Im Anschluss an Gramsci gesprochen geht es um die Frage, ob der Kampf um die Köpfe ebenso wie der Kampf um die Institutionen gewonnen wird. Beides ist aufs Engste miteinander verflochten und muss sich auf die Konturierung eines hegemonialen Projekts stützen. Die Logik der Demokratie, so haben Laclau und Mouffe bereits in *Hegemonie und radikale Demokratie* argumentiert, ist eine Logik der Kontingenz und der Negativität in dem Sinne, dass sie immer wieder auf die Unmöglichkeit einer dauerhaften positiven Bestimmung der »Organisation des Sozialen« (Laclau/Mouffe 2012: 233) hinweist. Sie ist die Logik einer pluralistischen Auseinandersetzung gegnerischer Positionen im Streit um die Gestaltung von Gesellschaft. Es ist diese Perspektive, die Mouffe bekanntlich unter dem Begriff der agonistischen Demokratie weiterverfolgt hat. Ein konkretes politisches Projekt, so Laclau und Mouffe, bedarf demgegenüber konkreter, auch positiver Forderungen und Vorschläge zur Gestaltung von Gesellschaft. Seine Erfolgsaussichten, das ist der Kern der Hegemonietheorie, hängen davon ab, ob es gelingt, diese Forderungen zu einem hegemonialen Projekt zu bündeln. Hierzu, das war Thema des vorangegangenen Abschnitts (vgl. 6.3), ist nach Laclaus Überzeugung die populistische Dimension der Konstruktion einer popularen Identität unabdingbar, die, in der weiter oben bereits zitierten Formulierung, »as the only legitimate totality« (Laclau 2005: 81) erscheinen muss.

Es sind diese Überlegungen, die Mouffe als theoretisch-praktische Akteurin in ihren jüngeren Arbeiten dazu führen, für einen linken Populismus zu plädieren (vgl. Errejón/Mouffe 2016 und Mouffe 2018). Im Hintergrund dieser, wie Mouffe betont, expliziten Hinwendung zu einem politischen Projekt – Mouffe spricht davon, aus ihrer »Parteilichkeit keinen Hehl« (vgl. Mouffe 2018: 19) zu machen – steht eine zeitdiagnostische Einschätzung. Mouffe hatte schon in *Agonistik* darauf hingewiesen, dass die »Jahre der unangefochtenen Hegemonie des Neoliberalismus [...] glücklicherweise hinter uns« (Mouffe 2014: 107) liegen. In *Für einen linken Populismus* erneuert sie nun diese Diagnose und fügt ihr hinzu, dass sich die Bedingungen der gegenwärtigen Kontestation der brüchig gewordenen neoliberalen Hegemonie als populistischer Moment bestimmen lassen, wie sie unter Bezugnahme auf Laclau ausführt (vgl. Mouffe 2018: 20 ff.). Mouffe geht dabei davon aus, dass sich durch dieses Brüchigwerden die Chance der Konstitution eines neuen politischen Subjekts ergeben kann, »das in der Lage ist, eine als ungerecht empfundene Gesellschaftsordnung umzugestalten« (ebd.: 21).

Nun kann allerdings kaum über den Umstand hinweggegangen werden, dass die populistische Konstitution eines neuen Subjekts derzeit in den meisten Fällen rechtspopulistischen Bewegungen deutlich besser zu gelingen scheint und dass deren Umgestaltung, so sie denn Erfolg hätte, sicher nicht zu einer demokratischen Welt führen dürfte, in der sich in pluralistischer

Form unterschiedliche Gruppen und Bewegungen über die Einrichtung der Gesellschaft auseinandersetzen. Mouffe sieht diese Gefahr eines Erfolgs rechtspopulistischer Bewegungen durchaus und ihre Bemühungen um ein linkspopulistisches Projekt dürften sicherlich nicht zuletzt der Einschätzung geschuldet sein, dass auf die neoliberale Hegemonie ein neurechter Autoritarismus folgen könnte, wenn es der Linken nicht gelingt, ihrerseits ein erfolgversprechendes hegemoniales Projekt zu begründen. Damit stellen sich zwei kardinale Fragen: Was könnte einen linken Populismus erfolgreich machen, und inwiefern könnte er sich von rechten Populismen unterscheiden?

Beide Fragen hängen, wie sogleich deutlich werden wird, eng miteinander zusammen. Mouffe versucht nämlich einerseits, ihr Projekt eines linken Populismus vom Rechtspopulismus abzugrenzen, gibt aber andererseits, sicherlich auch unter dem Eindruck des großen Erfolgs rechtspopulistischer Bewegungen, dem rechtspopulistischen Zuschnitt politischer Kritik und der Konstruktion kollektiver Identität erstaunlich viel Raum. Dies zeigt sich bereits bei ihrem Versuch, Rechts- und Linkspopulismus voneinander abzugrenzen: Zwar wirft sie rechtspopulistischen Bewegungen nach meinem Dafürhalten zu Recht vor, »die Volkssouveränität und die Demokratie« als »›nationale Souveränität‹« zu verstehen, die die demokratische Forderung der Gleichheit nicht einlöst, sondern »zahlreiche Kategorien ausschließt, darunter in der Regel Einwanderer, da diese als Bedrohung für die Identität und den Wohlstand der Nation angesehen werden« (ebd.: 34/35). Aber zugleich zeigt sie sich überzeugt – und das würde ich im Lichte der obigen Ausführungen (vgl. Kap. 6.1) doch entschieden zurückweisen –, »dass viele der von rechtspopulistischen Parteien artikulierten Forderungen demokratische Forderungen sind, die einer progressiven Antwort bedürfen« (ebd.: 32). Diese Unterscheidung zwischen einer im Kern irgendwie demokratischen Forderung und deren falscher, weil nationalistischer und ausgrenzender Artikulation läuft nach meinem Dafürhalten nämlich sehr stark Gefahr, die rechtspopulistischen Bewegungen und ihre Forderungen analytisch zu verharmlosen: Wenn Forderungen in ausgrenzender und nationalistischer Form artikuliert werden – und das ist ein Kern rechtspopulistischer Artikulationen –, dann handelt es sich nicht um eine nationalistische und xenophobe Schale, aus der sich trotz allem ein demokratischer Kern an Forderungen herausschälen lässt, sondern dann ist die gesamte Frucht nationalistisch verdorben.

Dieses Problem sieht Mouffe meines Erachtens nicht mit hinreichender Schärfe und sie gibt ihrer Vorstellung davon, wie eine linkspopulistische Bewegung eine kollektive Identität artikulieren sollte oder könnte, zudem eine widersprüchliche, ja problematische Fassung. Einerseits fordert sie in Abgrenzung zum Rechtspopulismus, dass ein linker Populismus eine Äquivalenzkette – also eine Verbindung unterschiedlicher Forderungen zu einem gemeinsamen politischen Projekt – herstellen muss zwischen den pluralistischen »Forderungen der Arbeiter, der Einwanderer und der vom Abstieg bedrohten Mittelschicht sowie anderer demokratischer Forderungen, etwa derer der LGBT-Gemeinde« (Mouffe 2018: 35). Andererseits unterstreicht sie, wenn sie sich mit der Frage nach der Konstruktion des Volkes beschäftigt, dass auch linkspopulistische Bewegungen »die starke libidinöse Bindung, die bei nationalen – oder regionalen – Identifikationsformen am Werk ist« (ebd.: 85), nicht ausblenden können und sie nicht dem Rechtspopulismus überlassen dürfen. Mouffe sieht dabei sehr wohl die hochgradig problematischen Züge nationaler Bindungen, wiederum scheint sie aber der Auffassung zu sein, dass sich ein bewahrenswerter Kern herausschälen lässt. Diesen sieht sie offenbar in einer »patriotische[n] Identifizierung mit den besten, besonders egalitären Aspekten der nationalen Tradition«

(ebd.: 85). Auszublenden, dass der Egalitarismus, wenn er im nationalen oder patriotischen Register artikuliert wird, konstitutiv von Abgrenzungen und Ausgrenzungen zehrt und eben nicht als Bezugspunkt einer pluralistischen Konstitution kollektiver Identität geeignet ist, scheint mir geradezu fahrlässig zu sein. Mouffes Überlegungen sind dabei im Kontext einer derzeitigen Revitalisierung nationaler und nationalstaatlicher Bezugspunkte auch bei sich als links verstehenden Bewegungen und theoretischen Positionen zu verorten. In jüngerer Zeit lassen sich verstärkt – nach meinem Eindruck hochgradig fragwürdige – Versuche beobachten, linke Varianten einer nationalstaatlich eingegrenzten Demokratie zu propagieren, wie es beispielsweise bei Dirk Jörkes Plädoyer für einen demokratischen Nationalstaat ohne Nationalismus der Fall ist (vgl. Jörke 2019: Kap. 7). Bei Jörke zeigen sich die fragwürdigen Konsequenzen eines solchen Vorgehens etwa dann, wenn er seine nationalstaatlich begrenzte Demokratie aus nach seiner Überzeugung demokratietheoretischen Gründen mit dem Recht auf Migrationskontrolle auszustatten sucht und dabei, ohne das ernsthaft kritisch zu hinterfragen, wie selbstverständlich auf die ausgesprochen problematische und gerade für rechtspopulistische Argumentationen wesentliche Unterscheidung von Wirtschafts- und politischen Flüchtlingen zurückgreift (vgl. ebd.: 212 ff.) oder nationalen Zugehörigkeitsgefühlen eine normative Berechtigung zuspricht (vgl. ebd.: 233). Wie Helge Schwiertz demgegenüber dargelegt hat, ist aus einer radikaldemokratischen Perspektive jedoch gerade die durch Migrant*innen erfolgende Infragestellung nationaler Demokratieregime und ihrer Begrenzungen eine wesentliche Dimension von Demokratie (vgl. Schwiertz 2019: 319–321). Demokratie dürfe, so Schwiertz, gerade »nicht als nationales Regime« verstanden, sondern müsse »als kontestatorische Praxis beschrieben« werden (Schwiertz 2019: 319).

Weder Mouffe noch Jörke ist zu unterstellen, dass sie bewusst eine Nähe zu rechtspopulistischen Argumentationsfiguren herzustellen suchen. Im Versuch, einen vermeintlich von nationalistischen und xenophoben Untertönen befreiten Bezug auf das Nationale ins Spiel zu bringen, laufen sie aber Gefahr, dem derzeit in umfassendem Maße zu beobachtenden Salonfähigwerden nationalistischer Argumente Vorschub zu leisten. Mit Derrida muss an dieser Stelle nachdrücklich unterstrichen werden, dass Stiftungen einer politischen Gemeinschaft durch den Rekurs auf die Idee der Nation immer damit rechnen müssen, sich »den schlimmsten Symptomen des Nationalismus, des Ethnozentrismus, des Populismus, ja der Xenophobie« (Derrida 2000a: 147) auszuliefern. Das nicht zu sehen erscheint mir politisch verantwortungslos.

Als fragwürdig sind nach meinem Dafürhalten aus einer radikaldemokratischen Sicht auch die Überlegungen zu beurteilen, die Mouffe zur Bedeutung einer Führungsperson für die Konstruktion eines Volkes anstellt (Mouffe 2018: 83). Auch hier begegnet uns in Mouffes Argumentation erneut der Versuch, die problematischen Züge, die der Figur eines *leaders* in rechtspopulistischen und autoritären Bewegungen anhaften, gleichsam abzustreifen, um gleichzeitig das Mobilisierungspotenzial, das Mouffe im Wirken von Führungsfiguren offenbar erkennt, zu retten. Dies ist nach ihrer Überzeugung möglich, wenn die Beziehung zwischen der Bewegung und der Figur des *leaders* nicht autoritär, sondern partizipativ gestaltet wird (vgl. ebd.: 83/84). Mir scheint hingegen die Vorstellung einer Führungsfigur als solche problematisch zu sein, da sie schon strukturell nicht den Pluralismus einfängt, der aus radikaldemokratischer Perspektive für soziale und politische Bewegungen wesentlich ist, wobei diese aber gerade dadurch, dass sich Führungsfiguren etablieren, immer auch Gefahr laufen, den für ihren emanzipatorischen Charakter wesentlichen Pluralismus einzuschränken. Diese Problematik scheint mir wesentlich virulenter zu sein als die Vorzüge eines vermeintlichen Mobilisierungspotenzials, das möglicherweise in der Identifikation mit Führungsfiguren liegt.

Mouffes Plädoyer für einen Linkspopulismus weist demnach, wie ich zu zeigen versucht habe, eine ganze Reihe an Merkmalen auf, die aus radikaldemokratischer und linker Perspektive problematisch sind. Am schwersten scheint mir dabei der Umstand zu wiegen, dass die Nähe, die Mouffe zwischen populistischer Politik und dem Bezug auf das Nationale herstellt, keineswegs zufällig sein dürfte. Vielmehr sieht sie vermutlich ganz richtig, dass populistische Politiken zu ihrer erfolgreichen Entfaltung eines Resonanzkörpers bedürfen, der derzeit womöglich tatsächlich nur durch Bezugspunkte wie die stark wirksame Imagination nationaler Zugehörigkeit zur Verfügung steht. Wenn sich das aber so verhält, dann ist Populismus der falsche Weg, um eine emanzipatorische und radikaldemokratische Politik in einer pluralistischen Welt zu revitalisieren.

# 7. Radikale Demokratie: Ein linkes Projekt?

Die Frage, ob radikale Demokratie als linkes Projekt verstanden werden kann oder vielleicht sogar muss, bedarf in mehreren Hinsichten der Erläuterung. Erstens wird die Geschichte linker Bewegungen stets von der Grundfrage, was links eigentlich heißen kann, begleitet, und diese Frage ist zwischen verschiedenen Richtungen bekanntlich oftmals mit einer Vehemenz ausgetragen worden, die der Auseinandersetzung mit politischen Gegner*innen auf der Rechten häufig in nichts nachsteht. Das gilt für partei- und bewegungspolitische ebenso wie für intellektuelle Auseinandersetzungen. Derrida hat so etwa in einem Rückblick auf das intellektuelle Klima im Paris der 1950er und 1960er Jahre bemerkt, dass eine Kritik der seinerzeit dominanten Fassung des Marxismus schnell zu einer Isolierung führen konnte oder als Unterstützung des rechten Lagers hätte gelten können, weshalb er vor ihr zurückgescheut habe (vgl. Derrida 2014: 30 ff. und 42 ff.). Als Derrida dann nach dem Fall des Eisernen Vorhangs – also zu einem Zeitpunkt, als vielen Marx als »toter Hund«[25] galt – mit einer dekonstruktiven Marx-Lektüre hervorgetreten ist, die Marx übrigens sehr viel abzugewinnen sucht (vgl. Derrida 1994), waren die zuweilen dogmatischen Debatten der 1960er Jahre, die vor dem Hintergrund konkreter revolutionärer Hoffnungen situiert waren, großenteils bereits Zeitgeschichte. Foucault, der sich in den 1960er und 1970er Jahren teils recht deutlich gegen Marx und den Marxismus positioniert hat (vgl. Foucault 1974: 320), gleichzeitig aber als Intellektueller und als Aktivist sehr stark aufseiten der Linken engagiert war, hat sich zeitweise starken Anfeindungen von links ausgesetzt gesehen (vgl. Eribon 1999: 241 ff.). Auch deutlich später haben Debatten darüber, wie die zeitgenössische Linke zu verstehen ist, zuweilen kooperativ begonnen (vgl. Butler/Laclau/Žižek 2000), um dann rasch eine deutlich rauere Form anzunehmen (vgl. Laclau 2014), wie der Verlauf der Auseinandersetzung zwischen Žižek und Laclau illustriert. Damit sind nur wenige exemplarische Andeutungen gegeben, aber es steht wohl außer Zweifel, dass der Streit darüber, was als links gelten kann, bis in die Gegenwart geführt wird. Einer auch nur ansatzweisen Rekonstruktion dieser Kontroversen können wir uns hier allerdings kaum annehmen.

Zweitens ist die Frage, ob radikale Demokratie als ein linkes Projekt verstanden werden kann, aber insbesondere heute auch dadurch zunehmend unklar, weil keineswegs nur in akademischen Diskursen, sondern vielmehr auch in öffentlichen Debatten Zweifel zum Ausdruck gebracht werden, ob die alte Rechts-links-Unterscheidung überhaupt noch einen Orientierungswert besitzt. Eine besonders verbreitete Auffassung, wie sie beispielsweise Andreas Reckwitz öffentlichkeitswirksam in einem Gastbeitrag für die Wochenzeitung *Die Zeit* vertreten (vgl. Reckwitz 2018) und deren soziologische Hintergründe er in der *Gesellschaft der Singularitäten* (vgl. Reckwitz 2017) entfaltet hat, besteht darin, dass sich heute mit dem Kosmopolitismus und einem sogenannten nationalen Kommunitarismus zwei Lager gegenüberstehen (vgl. ähnlich und unter Rekurs auf Reckwitz auch Jörke 2019: 227 ff.), die die alte Rechts-links-Unterscheidung unbrauchbar werden lassen. Dies verhalte sich so, weil sich in beiden Lagern Gruppen finden ließen, die sich als links bezeichneten, deren politische Ziele aber weit auseinanderlägen. Im Lager des Kosmopolitismus sei demnach nicht nur eine neoliberale, sondern auch eine kulturlinke, von urbanen Akademiker*innen getragene politische Strömung angesiedelt, für die Themen wie offene Grenzen, sexuelle Vielfalt oder Umweltschutz wesentlich seien. Auf der sogenannten national-kommunitaristischen Seite fänden sich demgegenüber nicht nur rechtskonservative und rechtspopulistische Positionen wieder, sondern mit der Facharbeiter*innenschicht auch frühere sozialdemokratische Wähler*innen, die klassisch linke sozio-ökonomische Forderungen teilten, aber große Vorbehalte gegenüber Themen und Forderungen von urbanen Kultur- und Ökolinken hätten, die wiederum sozioökonomischen Dimensionen wie sozialer Gleichheit nur wenig Aufmerksamkeit entgegenbrächten. Auch diese Diskussion kann an dieser Stelle nicht *in extenso* reflektiert und kommentiert werden. Nach meiner Einschätzung wären zwei Schlussfolgerungen aus diesem soziologischen Befund allerdings zutiefst verfehlt: Einerseits kann aus ihm nämlich nicht abgeleitet werden, dass die Rechts-links-Unterscheidung gänzlich ihren Sinn eingebüßt hat. Gerade in Zeiten erstarkter rechtspopulistischer, rechtsradikaler und zunehmend auch rechtsextremer Bewegungen ist diese Unterscheidung vielleicht sogar wichtiger denn je. Andererseits ist aus Gründen, die im vorangegangenen Kapitel bereits benannt wurden und auf die wir sogleich noch einmal zurückkommen werden, auf gar keinen Fall eine Reartikulation dann nur noch sogenannter linker politischer Positionen im nationalen Register zu befürworten, die gegenwärtig allerdings immer wieder Fürsprecher*innen findet.

Ließe sich in irgendeinem aussagekräftigen Sinne dafür argumentieren, dass es weiterhin sinnvoll ist, von linken politischen Bewegungen und Zielen zu sprechen, so würde sich drittens die Frage stellen, ob radikale Demokratie als ein linkes Projekt verstanden werden kann und ob sich das in dieser Unbestimmtheit und Allgemeinheit für die radikale Demokratie sagen ließe oder ob hier zwischen verschiedenen Theorieansätzen unterschieden werden müsste, wie es ja auch bislang in dieser Einführung getan wurde.

Obwohl mindestens die ersten beiden Dimensionen – der innerlinke Streit, was links eigentlich heißen mag, und die Debatte, ob es weiterhin sinnvoll ist, mit einer Links-rechts-Unterscheidung zu arbeiten – jeweils eigene Untersuchungen erforderlich machen würden, folgt daraus meines Erachtens nicht, dass sich zu der Frage danach, ob sich radikale Demokratie als linkes Projekt verstehen lässt, im Lichte der bisherigen Überlegungen nichts sagen lässt. Im Gegenteil ist es, wie ich abschließend kurz skizzieren möchte, sogar möglich, zu den ersten beiden Teilfragen aus einer radikaldemokratischen Perspektive Stellung zu beziehen und damit auf die dritte Frage eine ziemlich klare Antwort zu geben. Aus meiner Sicht, das ist angesichts der Argumentationslinien, die in den einzelnen Kapiteln dieses Buches entfaltet wurden, vermutlich keine große Überraschung mehr, muss radikale Demokratie als linkes Projekt verstanden werden. Aus radikaldemokratischer Perspektive lässt sich zudem recht scharf bestimmen, welche Positionen und Argumente nicht als links gelten können. Das Kernargument ist dabei im vorangegangenen Kapitel in kritischer Auseinandersetzung mit Figuren der nationalen Zugehörigkeit entwickelt worden und es stützt sich auf den demokratietheoretischen und emanzipatorischen Sinn von Kontingenz als der Möglichkeit einer Neugestaltung sozialer und politischer Strukturen (vgl. Kap. 1 und 2). Knapp gefasst richtet sich radikale Demokratie, so wie ich sie verstehe, gegen den Rekurs auf nationale Zugehörigkeiten, da diese, wie ich weiter oben argumentiert habe, unvermeidlich mit Exklusionen, Ausgrenzungen und Abwertungen einhergehen. Damit ist zwar noch längst keine umfassende Bestimmung dessen, was »links« heute heißen könnte, gegeben, aber es wird möglich, ein Minimalkriterium *ex negativo* zu umreißen. Aus radikaldemokratischer Perspektive zehrt die Möglichkeit linker emanzipatorischer Kämpfe davon, dass gegebene Zugehörigkeiten und die durch sie implizierten Ausschließungen und Hierarchisierungen kritisch infrage gestellt werden können. Die demokratische Gestalt eines *demos* kann sich, wie in Kapitel 5 argumentiert wurde, keinesfalls auf vorgängige Zugehörigkeiten stützen. Stattdessen müssen die Konturen des *demos* aus radikaldemokratischer Sicht konstitutiv umstritten, nämlich offen für die Forderungen derjenigen bleiben, die keinen Anteil an ihm haben.

Daraus folgt manches, manches aber auch nicht: Es folgt klar daraus, dass Positionen, die sozio-ökonomisch linke Forderungen nach Umverteilung mit normativen Lesarten nationaler Zugehörigkeit kombinieren, nicht als linke Positionen gelten können. Das ist das negative Minimalkriterium, von dem soeben die Rede war. Es mag strategisch nachvollziehbar sein, warum in jüngerer Zeit auch Bewegungen und Autor*innen, die sich als links verstehen, auf Argumente dieser Art zurückgreifen. Wir haben solche strategischen Erwägungen in der Auseinandersetzung mit Mouffes Plädoyer für einen linken Populismus beobachten können. Diese strategischen Überlegungen stützen sich jedoch auf gefährliche Illusionen und führen nicht zu einer Revitalisierung linker Politik, sondern dazu, dass nationalistische Referenzpunkte nur umso rascher salonfähig gemacht werden. Rancière hat schon in den 1990er Jahren darauf hingewiesen, dass nationalistische Argumente zu einer Spaltung des früheren politischen Subjekts der Arbeiter*innen in Migrant*innen und neue Rassist*innen führen (vgl. Rancière 1997b: 119). In der Folge dieser Spaltung wird dann eine rechte Umverteilungspolitik artikuliert, die fordert, Einkommensschwachen des nationalistisch verstandenen

Volkes Mittel zulasten Einkommensschwacher mit Migrationshintergrund zuzuführen. Wer auch immer meint, auf solche Denkfiguren wie einen normativen Bezug auf nationale Zugehörigkeit ohne Nationalismus zurückgreifen zu müssen, sollte sich vor Augen halten, dass damit rechten Politiken erst die Tür geöffnet werden kann. Die angepeilte vermeintliche Wiederbelebung linker Politik kann so schnell zu deren beschleunigter Grablegung werden. Die sozio-ökonomisch linke und die kulturlinke Dimension lassen sich nicht gegeneinander aufrechnen. Radikale Demokratie folgt nicht der vermeintlichen Scheidung von kultur- und ökolinken Argumenten auf der einen und sozio-ökonomischen auf der anderen Seite. Im Gegenteil erlaubt sie es, beide Dimensionen kritischen Infragestellungen zu unterziehen, weil sie kontingente Formen der Einrichtung der Welt sind, die demokratisch umgestaltet werden können. Linke Politik muss aus radikaldemokratischer Perspektive deshalb beide Dimensionen umfassen. Sie muss sich Ausbeutung ebenso entgegenstellen wie Formen von Diskriminierung und kulturellem Ausschluss. Beides geht auch augenscheinlich Hand in Hand: Diejenigen, denen die nationale Zugehörigkeit eines Kollektivs, von dem sie ausgeschlossen bleiben sollen, als Grund für die geringere Berücksichtigung oder die Nichtberücksichtigung ihrer Forderungen entgegengehalten wird, sind in der Regel zugleich im globalen Vergleich Angehörige mehrfach unterprivilegierter Gruppen.

Eine beliebige Offenheit wird hingegen nicht impliziert; es gibt historische Entwicklungen, die zu Pfadabhängigkeiten mit einer gewissen Persistenz führen. Diese haben aber für sich genommen kein normatives Eigengewicht. Radikaldemokratische Infragestellungen können zudem nicht mit einem neoliberalen Öffnungsdiskurs, der auf einen offenen Weltmarkt allgemeiner Konkurrenz zielt, konfundiert werden. Die Offenheit, von der sie sprechen, ist gänzlich anders verfasst. Radikale Demokratie zielt nämlich gerade auch auf die kritische Infragestellung solcher neoliberaler Narrative und damit auf eine Kritik des globalen Kapitalismus, wie wir etwa in der Beschäftigung mit Rancière sehen konnten. Es mag sein, dass allgemein offene Grenzen in der gegenwärtigen Konstellation eine neoliberal dominierte Marktgesellschaft zur Folge hätten. Das ändert aber nicht das Geringste daran, dass sich aus so einer Vorstellung wie nationaler Zugehörigkeit keine normativen Argumente für die Schließung von Grenzen gewinnen lassen, die einer radikaldemokratischen Befragung standhalten könnten. Auch und gerade Grenzen sind eine sinnliche Aufteilung der Welt, die Teile ohne Anteil hervorbringt. Genau deshalb muss sie infrage gestellt werden – und die Infragestellung kann erfolgreich sein, weil sich diese Aufteilung des Sinnlichen als eine kontingente Weltgestaltung erweist, die im Zuge demokratischer Kämpfe Veränderungen erfahren kann. Radikale Demokratie befragt bestehende soziale und politische Ordnungen in einer inklusiven und nicht in einer exklusiven Logik. Die sozio-ökonomische Dimension verschwindet dadurch nicht, aber wenn sie im nationalen Register ausgeführt wird, wird sie nicht mehr links, sondern rechts artikuliert.

# Dank

Mein herzlicher Dank gilt an erster Stelle Samia Mohammed, die das gesamte Manuskript gelesen und kommentiert hat. Von ihren Kommentaren und Änderungsvorschlägen hat das vorliegende Buch erheblich profitiert. Sie hat mir außerdem bei dessen formaler Gestaltung wertvolle Hilfe geleistet. Zum Thema der radikalen Demokratietheorien habe ich in den vergangenen Jahren zudem mit vielen Personen zusammengearbeitet oder mich mit ihnen darüber ausgetauscht. Die vorliegenden Überlegungen, die sehr deutlich meine Handschrift tragen und mit denen sicherlich einige der nun Genannten nicht übereinstimmen werden, sind durch diesen Austausch sehr bereichert worden. Danken möchte ich so meinen Mitherausgeber*innen des Handbuchs zur radikalen Demokratietheorie, die mir ein wichtiger radikaldemokratischer Diskussionskreis waren und sind: Dagmar Comtesse, Franziska Martinsen und Martin Nonhoff. Insbesondere mit Franziska Martinsen habe ich an vielen thematisch einschlägigen gemeinsamen Vorträgen und Texten gearbeitet; mein Zugang zur radikalen Demokratietheorie ist ohne sie gar nicht denkbar. Weiterhin danke ich meinen Bielefelder Kolleg*innen, mit denen ich an den Geist anregenden Orten auch außerhalb von eher nüchternen Universitätsräumlichkeiten diskutieren konnte; für den vorliegenden Themenkomplex denke ich hier vor allem an Gespräche mit Tomke König, Diana Lengersdorf, Detlef Sack,

Holger Straßheim und Andreas Vasilache. Die Diskussionen über kritische politische Theorie und radikale Demokratietheorie im Bielefelder Kolloquium zur Politischen Theorie sind für mich unersetzlich und haben mir so manchen Punkt überhaupt erst vor Augen geführt; seinen Teilnehmer*innen sei an dieser Stelle ebenfalls herzlich gedankt: Clara Arnold, Alia Awad, Lea Jonas, Kristoffer Klement, Noah Marschner, Clelia Minnetian, Samia Mohammed, Malte Pasler, Irina Raaz, Demokrat Ramadani und Gerrit Tiefenthal. Auch den Teilnehmer*innen eines Seminars zur radikalen Demokratietheorie, das ich im Sommersemester 2019 in Bielefeld angeboten habe, möchte ich danken.

Zudem habe ich einige der hier angestellten Überlegungen im Laufe des Jahres 2019 in verschiedenen Vorträgen und Podiumsdiskussionen erproben können. Bedanken möchte ich mich daher für Vortragseinladungen, gemeinsame Diskussionen und anregende Moderationen bei: Thomas Bedorf, Ulf Bohmann, Alex Demirović, Dominik Finkelde, Matthias Flatscher, Sara Gebh, Rebekka Klein, Regina Kreide, Bernd Ladwig, Kristina Lepold, Oliver Marchart, Oliver Nachtwey, Martin Nonhoff, Martin Oppelt, Martin Saar, Simon Schaupp, Justo Serrano Zamora, Jan Slaby, Paul Sörensen, Gerhard Thonhauser, Paula-Irene Villa, Frieder Vogelmann und Holger Ziegler.

Danken möchte ich schließlich auch Ina Kerner für die Anregung, diese Einführung zu schreiben, und Steffen Herrmann vom Junius Verlag für eine Betreuung, wie man sie sich als Autor nicht besser wünschen könnte.

# Anhang

## Anmerkungen

1 Vgl. dazu *Radikale Demokratietheorie. Ein Handbuch* (Comtesse/Flügel-Martinsen/Martinsen/Nonhoff 2019a). Ich werde darauf verzichten, jeweils auf alle für die hier behandelten Begriffe, Themen und Autor*innen einschlägigen Beiträge dieses Handbuchs einzeln zu verweisen, da dies leicht zu einer Überfrachtung an Verweisen führen könnte. Stattdessen lege ich allen intensiver an radikalen Demokratietheorien Interessierten die Konsultation des genannten Handbuchs als Nachschlage- und Vertiefungslektüre nahe.

2 Vgl. neben der Kritik Rancières an der (normativen) politischen Philosophie auch die polemisch zugespitzte Streitschrift *Kritik der politischen Philosophie*, die Raymond Geuss vor einigen Jahren vorgelegt hat (Geuss 2011).

3 Der französische Aristokrat Alexis de Tocqueville verfasste als Ergebnis seiner Bildungsreise durch die USA in den 1830er Jahren eine erste umfassende Reflexion der US-amerikanischen Demokratie (vgl. Tocqueville 1997), die deren Herausforderungen kritisch reflektiert. Insbesondere stellt er dort heraus, dass sich die Gefahren der Demokratie – als größte macht er dabei aus liberaler Sicht die Gefahr einer Tyrannei der Mehrheit aus – nicht institutionell ausschließen lassen, sondern zu großen Teilen der Einhegung durch eine Einübung in eine demokratische Praxis bedürfen. Demokratie bleibt damit letztlich dennoch ein Abenteuer. Die Studie *Über die Demokratie in Amerika* ist ein bis heute vielfach rezipierter Klassiker der Demokratietheorie.

4 Mit diesem Teil ohne Anteil und dem Erfordernis, dass diejenigen ohne Anteil sich politisch subjektivieren müssen, um Dissens artikulieren zu können, setzen wir uns in Kapitel 5 auseinander.

5 Solche Passagen finden sich tatsächlich in Marx' Schriften. Allerdings lassen sich diese nicht auf eine einzige Theorieperspektive reduzieren, wie sich heute vor allem auch durch das editorische Projekt der MEGA zeigt, das im Grunde eine herausgeberische Dekonstruktion des orthodoxen Marxismus darstellt, indem es die Vielfalt von Marx'

Theorieperspektiven sichtbar werden lässt (vgl. zur MEGA: Bluhm 2017). Neben dem ›historisch-materialistischen‹ Marx des Marxismus gibt es so nach meinem Eindruck auch einen politisch-theoretischen Marx (vgl. Flügel-Martinsen 2018).

6 Vgl. zum radikaldemokratischen Potenzial von Rortys politischer Philosophie: Selk 2019, zu demjenigen von Habermas vgl. Nonhoff 2019.

7 Vgl. für einen Überblick: Comtesse/Flügel-Martinsen/Martinsen/Nonhoff 2019b.

8 Vgl. hierzu auch Rortys Überlegungen zum Vorrang der Praxis der Demokratie vor der Philosophie (Rorty 2005).

9 Wir werden solche Gefahren des Scheiterns in Kapitel 6 am Beispiel der populistischen Versuchung diskutieren.

10 Ausführlicher diskutiere ich Marcharts Ansatz in: Flügel-Martinsen 2017a: Kap. 3.1.

11 Für einen Überblick über die verschiedenen Ansätze vgl. die beiden umfangreichen, von Lembcke/Ritzi/Schaal herausgegebenen Bände zu normativen (2012a) und zu empirischen Demokratietheorien (2016a) und dort insbesondere die jeweiligen Einleitungen der Herausgeber*innen (Lembcke/Ritzi/Schaal 2012b und 2016b).

12 Vgl. zur Kritik dieser Marx'schen Position: Castoriadis 1990b: Kap. I. Zum postmarxistischen Charakter, den Castoriadis auch mit neueren Strömungen radikaler Demokratietheorie teilt, vgl. Flügel-Martinsen 2016.

13 Vgl. zur Entstehungsgeschichte und den Diskussionen des Centre den autobiografischen Rückblick Nancys im Gespräch mit Peter Engelmann: Nancy 2015: 54 ff. Zur Entstehungsgeschichte und der Bedeutung des Centre auch: Hebekus/Völker 2012: 13–18.

14 Rosanvallon unterscheidet sogar vier Dimensionen der Demokratie, indem er Demokratie als »staatsbürgerliche Tätigkeit, als politisches System, als Gesellschafts- und als Regierungssystem« (Rosanvallon 2016: 29) versteht.

15 Bislang liegen im Grunde nur kleinere Arbeiten Leforts in deutscher Übersetzung vor; so einige Aufsätze in dem von Ulrich Rödel herausgegebenen Band *Autonome Gesellschaft und libertäre Demokratie* (Rödel 1990); der Essay *Fortdauer des Theologisch-Politischen* (Lefort 1999) und der Text *Die Bresche* (2008). Eine seit Jahren bei Suhrkamp

unter dem Titel *Die leere Mitte* angekündigte Aufsatzsammlung ist leider immer noch nicht erschienen. Mittlerweile hat sich aber trotz dieser schlechten Übersetzungslage eine rege Rezeption auch im deutschsprachigen Raum entwickelt (vgl. Wagner 2013 und Oppelt 2017).

16 Wir werden weiter unten noch sehen, dass und warum er den Begriff der Demokratie gar nicht auf politische Ordnungen bezieht.

17 Mit Schmitts Konfliktdenken und dessen Rezeption innerhalb radikaldemokratischer Diskurse werden wir uns im folgenden Abschnitt (3.4), vor allem aber auch im nächsten, der Rolle von Dissens und Konflikt gewidmeten Kapitel (Kap. 4) beschäftigen.

18 Wir werden uns damit und auch mit der Frage, ob sich, wie Mouffe annimmt (vgl. Mouffe 2018), Raum für eine neue linke Politik eröffnet, in Kapitel 6 beschäftigen.

19 Diese kritische Gegenüberstellung habe ich umfänglicher in den Kapiteln von Teil 3 meiner Studie *Befragungen des Politischen* (Flügel-Martinsen 2017a, v.a. Kap. 3.1) ausgearbeitet. An dieser Stelle werde ich mich demgegenüber auf eine kurze Skizze beschränken.

20 Vgl. die Beiträge in Comtesse/Flügel-Martinsen/Martinsen/Nonhoff 2019a: Teil I.

21 Radikaldemokratische Lesarten Rousseaus sind dennoch nicht nur möglich, sondern Rousseau gilt aufgrund seiner Betonung der Selbstregierung häufig sogar als wichtiger ideengeschichtlicher Referenzautor der radikalen Demokratietheorie, vgl. Comtesse 2019.

22 Zur Bedeutung des Konzepts der Subjektivierung für die radikale Demokratietheorie vgl. Raimondi 2019 und Flügel-Martinsen 2017a: Kap. 3.3. In diesem Kapitel setze ich mich auch sehr viel ausführlicher mit den Subjektivierungstheorien Foucaults, Butlers und Rancières auseinander, als es in diesem und im kommenden Abschnitt (5.2) möglich ist, wo ich mich auf eine kurze Skizze zentraler Aspekte beschränke.

23 Eine umfangreichere Rekonstruktion des Zusammenhangs zwischen Laclaus Demokratie-, Hegemonie- und Populismustheorie nehme ich in Flügel-Martinsen 2017b vor; auf die dortigen Ausführungen, in denen sich auch zahlreiche Literaturverweise finden, stütze ich mich an dieser Stelle.

24 Eine ähnliche Überlegung haben wir oben mit Rancières Konzept politischer Subjektivierung kennengelernt (vgl. Kap. 5.2), wobei Rancière im Unterschied zu Laclau nicht davon ausgeht, dass es um die Konstitution als Volk geht, sondern dass durch die politische Subjektivierung von Teilen ohne Anteil ein politischer Kampf ausgetragen werden kann, der den jeweils in einer polizeilichen Ordnung herrschenden Begriff des Volkes infrage stellt und transformieren kann.

25 So charakterisiert Marx in einer bekannten Wendung aus dem Nachwort zur zweiten Auflage von Band 1 des *Kapitals* die Behandlung Hegels im deutschsprachigen Raum einige Jahrzehnte nach dessen Tod (vgl. Marx 1972: 27).

## Literatur

Abensour, Miguel (2012): Demokratie gegen den Staat, Berlin: Suhrkamp.
Agamben, Giorgio (2002): Homo Sacer. Die souveräne Macht und das nackte Leben, Frankfurt/M.: Suhrkamp.
Arendt, Hannah (2000): Über die Revolution, München: Piper.
Aristoteles (1995a): Nikomachische Ethik, Hamburg: Meiner.
Balibar, Étienne (2012): Gleichfreiheit, Berlin: Suhrkamp.
Bedorf, Thomas/Röttgers, Kurt (Hg.) (2010): Das Politische und die Politik, Berlin: Suhrkamp.
Bluhm, Harald (2017): »MEGA-Marx«, in: Zeitschrift für Ideengeschichte XI, S. 41–54.
Bröckling, Ulrich/Feustel, Robert (Hrsg.) (2012): Das Politische denken, Bielefeld: Transcript.
Brown, Wendy (2015): Die schleichende Revolution. Wie der Neoliberalismus die Demokratie zerstört, Berlin: Suhrkamp.
Butler, Judith (2001): Psyche der Macht, Frankfurt/M.: Suhrkamp.
Butler, Judith (2009): »Die Frage nach der sozialen Veränderung«, in: dies., Die Macht der Geschlechternormen, Berlin: Suhrkamp, S. 325–366.
Butler, Judith (2016): Anmerkungen zu einer performativen Theorie der Versammlung, Berlin: Suhrkamp.
Butler, Judith/Laclau, Ernesto/ Žižek, Slavoj (2000), Contingency, Hegemony, Universality, London/New York: Verso.
Castoriadis, Cornelius (1990a): »Die griechische polis und die Schaffung der Demokratie«, in: Autonome Gesellschaft und libertäre Demokratie, hrsg. v. Ulrich Rödel, Frankfurt/M.: Suhrkamp, S. 298–328.
Castoriadis, Cornelius (1990b): Gesellschaft als imaginäre Institution, Frankfurt/M.: Suhrkamp.
Celikates, Robin (2014): »Ziviler Ungehorsam – zwischen Gewaltfreiheit und Gewalt«, in: Gewaltbefragungen, hsrg. v. Franziska Martinsen und Oliver Flügel-Martinsen, Bielefeld: Transcript, S. 211–225.

Comtesse, Dagmar (2019): »Jean-Jacques Rousseau«, in: Radikale Demokratietheorie. Ein Handbuch, hrsg. v. Comtesse, Dagmar/Flügel-Martinsen, Oliver/Martinsen, Franziska/Nonhoff, Martin, Berlin: Suhrkamp, S. 49–58.

Comtesse, Dagmar/Flügel-Martinsen, Oliver/Martinsen, Franziska/Nonhoff, Martin (Hg.) (2019a): Radikale Demokratietheorie. Ein Handbuch, Berlin: Suhrkamp.

Comtesse, Dagmar/Flügel-Martinsen, Oliver/Martinsen, Franziska/Nonhoff, Martin (2019b): Demokratie, in: Radikale Demokratietheorie. Ein Handbuch, hrsg. v. Comtesse, Dagmar/Flügel-Martinsen, Oliver/Martinsen, Franziska/Nonhoff, Martin, Berlin: Suhrkamp, S. 457–483.

Crouch, Colin (2008): Postdemokratie, Frankfurt/M.: Suhrkamp.

Derrida, Jacques (1991): Gesetzeskraft, Frankfurt/M.: Suhrkamp.

Derrida, Jacques (1994): Marx' Gespenster, Frankfurt/M.: Fischer.

Derrida, Jacques (2000a): Politik der Freundschaft, Frankfurt/M.: Suhrkamp.

Derrida, Jacques (2000b): »Otobiographien – Die Lehre Nietzsches und die Politik des Eigennamens«, in: ders./Friedrich Kittler, Nietzsche – Politik des Eigennamens, Berlin: Merve, S. 7–63.

Derrida, Jacques (2001): Die unbedingte Universität, Frankfurt/M.: Suhrkamp.

Derrida, Jacques (2003a): Schurken, Frankfurt/M.: Suhrkamp.

Derrida, Jacques (2003b): Einsprachigkeit, München: Fink.

Derrida, Jacques (2014): Politik und Freundschaft, Wien: Passagen.

Dosse, François (2014): Castoriadis. Une vie, Paris: La découverte.

Eribon, Didier (1999): Michel Foucault. Eine Biographie, Frankfurt/M.: Suhrkamp.

Errejón, Íñigo/Mouffe, Chantal (2016): Podemos. In the Name of the People, London: Lawrence & Wishart.

Flügel-Martinsen, Oliver (2015a): »Das Abenteuer der Demokratie. Ungewissheit als demokratietheoretische Herausforderung«, in: Ordnungsbildung und Entgrenzung. Demokratie im Wandel, hrsg. v. Renate Martinsen, Wiesbaden: Springer VS, S. 105–119.

Flügel-Martinsen, Oliver (2015b): »Die demokratische Subversion der polizeilichen Ordnung. Jacques Rancières Kritik der politischen Philosophie«, in: Demokratietheorie und Staatskritik aus Frankreich, hrsg. v.

Oliver Flügel-Martinsen/Franziska Martinsen, Stuttgart: Steiner, S. 75–88.

Flügel-Martinsen, Oliver (2016): »Castoriadis und die Herausforderungen des Postmarxismus«, in: KultuRRevolution 71, S. 9–16.

Flügel-Martinsen, Oliver (2017a): Befragungen des Politischen. Subjektkonstitution – Gesellschaftsordnung – radikale Demokratie, Springer VS: Wiesbaden.

Flügel-Martinsen, Oliver (2017b): »Die Kontingenz der demokratischen Gesellschaft. Zum demokratietheoretischen Gehalt von Ernesto Laclaus Hegemonietheorie«, in: Ordnungen des Politischen. Einsätze und Wirkungen der Hegemonietheorie Ernesto Laclaus, hrsg. v. Oliver Marchart, Wiesbaden: Springer VS, S. 13–32.

Flügel-Martinsen, Oliver (2018): »Fehlt Marx eine Theorie des Politischen? Marx' politische Kritik und die postmarxistische Marx-Kritik«, in: »Kritik im Handgemenge«. Die Marx'sche Gesellschaftskritik als politischer Einsatz, hrsg. v. Matthias Bohlender/Anna-Sophie Schönfelder/Matthias Spekker, Bielefeld: Transcript, S. 245–264.

Flügel-Martinsen, Oliver (2019): »Jacques Derrida«, in: Radikale Demokratietheorie. Ein Handbuch, hrsg. v. Comtesse, Dagmar/Flügel-Martinsen, Oliver/Martinsen, Franziska/Nonhoff, Martin, Berlin: Suhrkamp, S. 275–284.

Flügel-Martinsen, Oliver/Friedrichs, Werner (2019): »Intensive versus grundlose Demokratie?«, in: Radikale Demokratietheorie. Ein Handbuch, hrsg. v. Comtesse, Dagmar/Flügel-Martinsen, Oliver/Martinsen, Franziska/Nonhoff, Martin, Berlin: Suhrkamp, S. 703–716.

Foucault, Michel (1974): Die Ordnung der Dinge, Frankfurt/M.: Suhrkamp.

Foucault, Michel (1991): Die Ordnung des Diskurses, Frankfurt/M.: Fischer.

Foucault, Michel (2002): »Nietzsche, die Genealogie, die Historie«, in: Dits et Écrits. Schriften, Bd. 2, Frankfurt/M.: Suhrkamp, S. 166–191.

Foucault, Michel (2003): Die Wahrheit und die juristischen Formen, Frankfurt/M.: Suhrkamp.

Foucault, Michel (2004): Sicherheit, Territorium, Bevölkerung, Frankfurt/M.: Suhrkamp.

Foucault, Michel (2005): »Subjekt und Macht«, in: Dits et Écrits. Schriften, Bd. 4, Frankfurt/M.: Suhrkamp, S. 269–294.

Foucault, Michel (2005): »Was ist Aufklärung?«, in: Dits et Écrits. Schriften, Bd. 4, Frankfurt/M.: Suhrkamp, S. 687–707.
Geuss, Raymond (2002): Privatheit. Eine Genealogie, Berlin: Suhrkamp.
Geuss, Raymond (2011): Kritik der Politischen Philosophie, Hamburg: Hamburger Edition.
Gosepath, Stefan (2004): Gleiche Gerechtigkeit, Frankfurt/M.: Suhrkamp.
Graeber, David (2017a): »Direkte Aktion«, in: Ziviler Ungehorsam, hrsg. v. Andreas Braune, Stuttgart: Reclam, S. 309–314.
Graeber, David (2017b): »Inside Occupy«, in: Ziviler Ungehorsam, hrsg. v. Andreas Braune, Stuttgart: Reclam, S. 314–334.
Gramsci, Antonio (1994): Gefängnishefte, Bd. 6, Hamburg: Argument-Verlag.
Habermas, Jürgen (1969): Technik und Wissenschaft als ›Ideologie‹, Frankfurt/M.: Suhrkamp.
Habermas, Jürgen (1988): Der philosophische Diskurs der Moderne, Frankfurt/M.: Suhrkamp.
Habermas, Jürgen (1992): Nachmetaphysisches Denken, Frankfurt/M.: Suhrkamp.
Habermas, Jürgen (1994): Faktizität und Geltung, Frankfurt/M.: Suhrkamp.
Habermas, Jürgen (1995): Theorie des kommunikativen Handelns, 2 Bde., Frankfurt/M.: Suhrkamp.
Habermas, Jürgen (2012): Nachmetaphysisches Denken II, Berlin: Suhrkamp.
Habermas, Jürgen (2017): »Ziviler Ungehorsam – Testfall für den demokratischen Rechtsstaat«, in: Ziviler Ungehorsam, hrsg. v. Andreas Braune, Stuttgart: Reclam, S. 209–228.
Hebekus, Uwe/Völker, Jan (2012): Neue Philosophien des Politischen, Hamburg: Junius.
Hegel, Georg Wilhelm Friedrich (1986): Wissenschaft der Logik I, Werke, Bd. 5, Frankfurt/M.: Suhrkamp.
Jörke, Dirk (2019): Die Größe der Demokratie, Berlin: Suhrkamp.
Jörke, Dirk/Selk, Veith (2017): Theorien des Populismus zur Einführung, Hamburg: Junius.
Laclau, Ernest (2005): On Populist Reason, London: Verso.
Laclau, Ernesto (2007a): »Ideologie und Post-Marxismus«, in: Diskurs – radikale Demokratie – Hegemonie. Zum politischen Denken von Er-

nesto Laclau und Chantal Mouffe, hrsg. v. Nonhoff, Martin, Bielefeld: Transcript, S. 25–40.
Laclau, Ernesto (2007b): Emancipation(s), London: Verso.
Laclau, Ernesto (2014): »Why Constructing a ›People‹ Is the Main Task of Radical Politics«, in: ders.: The Rhetorical Foundations of Society, London: Verso.
Laclau, Ernesto/Mouffe, Chantal (2012): Hegemonie und radikale Demokratie, Wien: Passagen.
Lefort, Claude (1986a): Essais sur le politique, Paris: Seuil.
Lefort, Claude (1986b): »Réversibilité: liberté politique et liberté de l'individu«, in: ders., Essais sur le politique, Paris: Seuil S. 215–236.
Lefort, Claude (1990a): »Vorwort zu *Eléments d'une critique de la bureaucratie*«, in: Autonome Gesellschaft und libertäre Demokratie, hrsg. v. Ulrich Rödel, Frankfurt/M.: Suhrkamp, S. 30–53.
Lefort, Claude (1990b): »Die Frage der Demokratie«, in: Autonome Gesellschaft und libertäre Demokratie, hrsg. v. Ulrich Rödel, Frankfurt/M.: Suhrkamp, S. 281–297.
Lefort, Claude (1992): »Machiavel et la veritá effetuale«, in: ders., Écrire. À l'épreuve du politique, Paris: Calmann-Lévy, S. 141–179.
Lefort, Claude (1999): Fortdauer des Theologisch-Politischen?, Wien: Passagen.
Lefort, Claude (2007a): »Démocratie et avènement d'un ›lieu vide‹«, in: ders., Le temps présent. Écrits 1945–2005, Paris: Belin, S. 461–469.
Lefort, Claude (2007b): »La dissolution des repères et l'enjeu démocratique«, in: ders., Le temps présent. Écrits 1945–2005, Paris: Belin, S. 551–558.
Lefort; Claude (2008): Die Bresche, Wien: Turia + Kant.
Lefort, Claude/Gauchet, Marcel (1990): Über die Demokratie: Das Politische und die Instituierung des Gesellschaftlichen, in: Autonome Gesellschaft und libertäre Demokratie, hrsg. v. Ulrich Rödel, Frankfurt/M.: Suhrkamp, S. 89–122.
Lembcke, Oliver/Ritzi, Claudia/Schaal, Gary (Hg.) (2012a): Zeitgenössische Demokratietheorie, Bd. 1: Normative Demokratietheorien, Wiesbaden: Springer VS.
Lembcke, Oliver/Ritzi, Claudia/Schaal, Gary (2012b): »Zwischen Konkurrenz und Konvergenz«, in: Zeitgenössische Demokratietheorie, Bd. 1: Normative Demokratietheorien, hrsg. v. Oliver Lembcke, Claudia

Ritzi und Gary Schaal, Wiesbaden: Springer VS, S. 9–32.
Lembcke, Oliver/Ritzi, Claudia/Schaal, Gary (Hg.) (2016a): Zeitgenössische Demokratietheorie, Bd. 2: Empirische Demokratietheorien, Wiesbaden: Springer VS.
Lembcke, Oliver/Ritzi, Claudia/Schaal, Gary (2016b): »Zeitgenössische empirische Demokratietheorie«, in: Zeitgenössische Demokratietheorie, Bd. 2: Empirische Demokratietheorien, hrsg. v. Oliver Lembcke, Claudia Ritzi und Gary Schaal, Wiesbaden: Springer VS, S. 7–20.
Levitsky, Steven/Ziblatt, Daniel (2018): How Democracies Die, New York: Crown.
Locke, John (1977): Zwei Abhandlungen über die Regierung, Frankfurt/M.: Suhrkamp.
MacIntyre, Alasdair (1995): Verlust der Tugend, Frankfurt/M.: Suhrkamp.
Marchart, Oliver (2010): Die politische Differenz, Berlin: Suhrkamp.
Martinsen, Franziska (2019): »Politik und Politisches«, in: Radikale Demokratietheorie. Ein Handbuch, hrsg. v. Comtesse, Dagmar/Flügel-Martinsen, Oliver/Martinsen, Franziska/Nonhoff, Martin, Berlin: Suhrkamp, S. 583–592.
Marx, Karl (1972): Das Kapital, Bd. 1, MEW, Bd. 23, Berlin: Dietz.
Marx, Karl (1973): »Thesen über Feuerbach«, in: MEW, Bd. 3, Berlin: Dietz, S. 5–7.
Mill, John Stuart (1998): »On Liberty«, in: ders., On Liberty and Other Essays, Oxford/New York: Oxford University Press, S. 5–128.
Mohammed, Samia (2019): Was Kultur nicht ist – Ethnorassismus, Kulturrelativismus und das Konzept der kulturellen Aneignung. Eine kritische Analyse von Kulturbegriffen rechter und linker politischer Diskurse, Bielefeld: unv. Ms.
Mouffe, Chantal (1999a): »Introduction: Schmitt's Challenge«, in: The Challenge of Carl Schmitt, hrsg. v. Chantal Mouffe, London/New York: Verso, S. 1–6.
Mouffe, Chantal (1999b): »Carl Schmitt and the Paradox of Liberal Democracy«, in: The Challenge of Carl Schmitt, hrsg. v. Chantal Mouffe, London/New York: Verso, S. 38–53.
Mouffe, Chantal (2007): Über das Politische, Frankfurt/M.: Suhrkamp.
Mouffe, Chantal (2008): Das demokratische Paradox, Wien: Turia + Kant.
Mouffe, Chantal (2014): Agonistik, Berlin: Suhrkamp.
Mouffe, Chantal (2018): Für einen linken Populismus, Berlin: Suhrkamp.

Müller, Jan-Werner (2016): Was ist Populismus?, Berlin: Suhrkamp.

Nancy, Jean-Luc (2009): Wahrheit der Demokratie, Wien: Passagen.

Nancy, Jean-Luc (2015): Demokratie und Gemeinschaft, Wien: Passagen.

Nonhoff, Martin (2006): Politischer Diskurs und Hegemonie, Bielefeld: Transcript.

Nonhoff, Martin (2008): »Hegemonieanalyse: Theorie, Methode und Forschungspraxis«, in: Handbuch Sozialwissenschaftliche Diskursanalyse. Bd. 2, hrsg. v. Keller, Reiner/Hirseland, Andreas/Schneider, Werner/Viehöver, Willy, Wiesbaden: Springer VS, S. 299–331.

Nonhoff, Martin (2019): »Jürgen Habermas«, in: Radikale Demokratietheorie. Ein Handbuch, hrsg. v. Comtesse, Dagmar/Flügel-Martinsen, Oliver/Martinsen, Franziska/Nonhoff, Martin Berlin: Suhrkamp, S. 294–303.

Oppelt, Martin (2017): Gefährliche Freiheit. Rousseau, Lefort und die Ursprünge der radikalen Demokratie, Baden-Baden: Nomos.

Platon (1991): Politeia, Sämtliche Werke V, Frankfurt/M.: Insel.

Raimondi, Francesca (2019): »Subjektivierung«, in: Radikale Demokratietheorie. Ein Handbuch, hrsg. v. Comtesse, Dagmar/Flügel-Martinsen, Oliver/Martinsen, Franziska/Nonhoff, Martin, Berlin: Suhrkamp, S. 622–632.

Rancière (1997a): »Gibt es eine politische Philosophie?«, in: Politik der Wahrheit, hrsg. v. Rado Riha, Wien: Turia + Kant, S. 64–93.

Rancière, Jacques (1997b): »Demokratie und Postdemokratie«, in: Politik der Wahrheit, hrsg. v. Rado Riha, Wien: Turia + Kant, S. 94–122.

Rancière, Jacques (2000): Le partage du sensible, Paris: La fabrique.

Rancière, Jacques (2002): Das Unvernehmen, Frankfurt/M.: Suhrkamp (frz. [1995] La mésentente, Paris: Galilée).

Rancière, Jacques (2004): »Politique, identification, subjectivation«, in: ders.: Aux bords du politique, Paris: Gallimard, S. 112–125.

Rancière, Jacques (2008): Ist Kunst widerständig?, Berlin: Merve.

Rancière, Jacques (2011): Der Hass der Demokratie, Berlin: August Verlag.

Rancière, Jacques (2015a): »Does Democracy Mean Something?«, in: ders.: Dissensus, London: Bloomsbury, S. 53–69.

Rancière, Jacques (2015b): Der emanzipierte Zuschauer, Wien: Passagen.

Rancière, Jacques (2016): Politik und Ästhetik, Wien: Passagen.

Rancière, Jacques (2017): »Der unauffindbare Populismus«, in: Alain Badiou et al.: Was ist ein Volk?, Hamburg: Laika, S. 97–101.
Rancière, Jacques (2018a): Les temps modernes, Paris: La fabrique.
Rancière, Jacques (2018b): »Temps, récit et politique«, in: ders., Les temps modernes, Paris: La fabrique, S. 13–47.
Rancière, Jacques (2018c): »Temps, récit et politique«, in: ders., Les temps modernes, Paris: La fabrique, S. 49–82.
Rawls, John (1998): Eine Theorie der Gerechtigkeit, Frankfurt/M.: Suhrkamp.
Rawls, John (2006): Gerechtigkeit als Fairneß, Frankfurt/M.: Suhrkamp.
Reckwitz, Andreas (2017): Gesellschaft der Singularitäten, Berlin: Suhrkamp.
Reckwitz, Andreas (2018): »Sozialdemokratie: Das Band zerreißt«, in: Die Zeit 9/2018 (online: https://www.zeit.de/2018/09/sozialdemokratie-deutschland-europa-mittelschicht-umbruch)
Richter, Emanuel (2019): »Miguel Abensour«, in: Radikale Demokratietheorie. Ein Handbuch, hrsg. v. Comtesse, Dagmar/Flügel-Martinsen, Oliver/Martinsen, Franziska/Nonhoff, Martin, Berlin: Suhrkamp, S. 179–189.
Rödel, Ulrich (Hg.) (1990): Autonome Gesellschaft und libertäre Demokratie, Frankfurt/M.: Suhrkamp.
Rorty, Richard (1992): Kontingenz, Ironie, Solidarität, Frankfurt/M.: Suhrkamp.
Rorty, Richard (2000): »Habermas, Derrida und die Aufgaben der Philosophie«, in: ders.: Wahrheit und Fortschritt, Frankfurt/M.: Suhrkamp, S. 444–471.
Rorty, Richard (2005): »Der Vorrang der Demokratie vor der Philosophie«, in: ders., Solidarität oder Objektivität, Stuttgart: Reclam, S. 82–125.
Rosanvallon, Pierre (2016): Die gute Regierung, Hamburg: Hamburger Edition.
Rousseau, Jean-Jacques (2001): Vom Gesellschaftsvertrag, Stuttgart: Reclam.
Saar, Martin (2019): »Ohnmacht und Unfreiheit. Demokratische Politik nach der Postdemokratie«, in: Kritische Theorie der Politik, hrsg. v. Ulf Bohmann und Paul Sörensen, Berlin: Suhrkamp, S. 473–493.
Schmitt, Carl (1996): Der Begriff des Politischen, Berlin: Duncker & Humblot.

Schwiertz, Helge (2019): Migration und radikale Demokratie, Bielefeld: Transcript.
Selk, Veith (2019): »Richard Rorty«, in: Radikale Demokratietheorie. Ein Handbuch, hrsg. v. Comtesse, Dagmar/Flügel-Martinsen, Oliver/Martinsen, Franziska/Nonhoff, Martin, Berlin: Suhrkamp, S. 400–409.
Skinner, Quentin (2009): Visionen des Politischen, Frankfurt/M.: Suhrkamp.
Sörensen, Paul (2016): Entfremdung als Schlüsselbegriff einer kritischen Theorie der Politik, Baden-Baden: Nomos.
Sörensen, Paul/Agridopoulos, Aristotelis (Hg.) (2016): Imagination – Autonomie – radikale Demokratie. Cornelius Castoriadis' politisches Denken, Schwerpunktheft: Kulturrevolution 71.
Tocqueville, Alexis de (1997): Über die Demokratie in Amerika, Stuttgart: Reclam.
Tully, James (2009a): Politische Philosophie als kritische Praxis, in: ders., Politische Philosophie als kritische Praxis, Frankfurt/M.: Campus, S. 17–45.
Tully, James (2009b): »Anerkennung und Dialog«, in: ders., Politische Philosophie als kritische Praxis, Frankfurt/M.: Campus, S. 79–105.
Vasilache, Andreas (2019): »Dissens/Konflikt/Kampf«, in: Radikale Demokratietheorie. Ein Handbuch, hrsg. v. Comtesse, Dagmar/Flügel-Martinsen, Oliver/Martinsen, Franziska/Nonhoff, Martin, Berlin: Suhrkamp, S. 492–503.
Veyne, Paul (2008): Foucault, Paris: Albin Michel.

## Personenregister

# Sachregister

**Oliver Flügel-Martinsen**, Prof. Dr., lehrt Politische Theorie und Ideengeschichte an der Universität Bielefeld. Buchveröffentlichungen u.a.: *Befragungen des Politischen. Gesellschaftsordnung – Subjektkonstitution – radikale Demokratie* (2017); *Radikale Demokratietheorie. Ein Handbuch*, gemeinsam hrsg. mit D. Comtesse, F. Martinsen und M. Nonhoff (2019).